I0567886

BESTACTIVITYBOOKS.COM

PRIMA EDIZIONE 2022

Illustrazione Grafica Extra: www.freepik.com
Grazie a Alekksall, Starline, Pch.vector, Rawpixel.com, Vectorpocket, Dgim-studio, Upklyak, Macrovector, Stockgiu, Pikisuperstar & Freepik.com Designers

5 CONSIGLI PER INIZIARE

1) COME RISOLVERE LE PAROLE INTRECCIATTE

I puzzle hanno un formato classico:

- Le parole sono nascoste senza spazi o trattini,...
- Orientamento: Le parole possono essere scritte in avanti, indietro, verso l'alto, verso il basso o in diagonale (possono essere invertite).
- Le parole possono sovrapporsi o intersecarsi.

2) APPRENDIMENTO ATTIVO

Accanto ad ogni parola c'è uno spazio per scrivere la traduzione. Per incoraggiare l'apprendimento attivo, un **DIZIONARIO** alla fine di questa edizione vi permetterà di controllare e ampliare le vostre conoscenze. Cerca e scrivi le traduzioni, trovale nel puzzle e aggiungile al tuo vocabolario!

3) SEGNARE LE PAROLE

Puoi inventare il tuo sistema di segni. Forse ne usi già uno? Per esempio, puoi segnare le parole difficili da trovare con una croce, le parole preferite con una stella, le parole nuove con un triangolo, le parole rare con un diamante, e così via.

4) STRUTTURARE L'APPRENDIMENTO

Questa edizione offre un **TACCUINO** alla fine del libro. In vacanza, in viaggio o a casa, puoi organizzare facilmente le tue nuove conoscenze senza bisogno di un secondo quaderno!

5) AVETE FINITO TUTTE LE GRIGLIE?

Nelle ultime pagine di questo libro, nella sezione della **SFIDA FINALE**, troverete un gioco gratuito!

Facile e veloce! Dai un'occhiata alla nostra collezione di libri di attività per il tuo prossimo momento di divertimento e **apprendimento,** a portata di clic!

Trova la tua prossima sfida su:

BestActivityBooks.com/MioProssimoLibro

Ai vostri posti, pronti...Via!

Sapevi che ci sono circa 7.000 lingue diverse nel mondo? Le parole sono preziose.

Amiamo le lingue e abbiamo lavorato duramente per creare libri di altissima qualità. I nostri ingredienti?

Una selezione di argomenti adatti all'apprendimento, tre buone porzioni di intrattenimento, una cucchiaiata di parole difficili e una spolverata di parole rare. Li serviamo con amore e entusiasmo in modo che tu possa risolvere i migliori giochi di parole e divertirti imparando!

La vostra opinione è essenziale. Puoi partecipare attivamente al successo di questo libro lasciandoci un commento. Ci piacerebbe sapere cosa ti è piaciuto di più di questa edizione.

Ecco un link veloce alla pagina dell'ordine:

BestBooksActivity.com/Recensione50

Grazie per il vostro aiuto e buon divertimento!

Tutta la squadra

1 - Salute e Benessere #2

Г	Д	Л	І	И	М	П	Я	З	Ю	Б	І	Б	Б	І	І
Є	Е	А	Х	Ч	О	У	Ґ	Н	І	М	А	Т	І	В	Ґ
Ф	К	Н	Л	Ч	Х	Б	И	Е	М	П	И	Р	Ґ	С	Ж
Ч	Л	Е	Е	Л	Н	Ь	Я	В	Е	Н	Е	Р	Г	І	Я
Т	Е	У	Ф	Т	Я	І	М	О	Т	А	Н	А	Ь	Ф	Г
Л	Р	Б	Ґ	Ґ	И	Б	Т	Д	Я	Г	Й	Д	М	Ф	Р
І	Ж	А	С	А	М	К	И	Н	И	А	И	Ц	Н	Т	В
К	І	Н	В	Л	Я	Х	А	Е	Д	В	В	Ш	Ю	А	А
А	Ц	Є	О	Л	І	Т	Х	Н	Ж	Р	О	И	Е	Ш	Я
Р	Ь	І	Р	Щ	Е	Н	П	Н	Г	Щ	Р	С	Ж	С	И
Н	І	Г	К	В	Ф	Н	Ф	Я	І	Р	О	Л	А	К	А
Я	Б	І	В	Щ	Х	В	Н	Е	Ш	В	Д	І	Є	П	П
Є	С	Г	А	Я	У	С	Л	Я	К	Ж	З	С	Л	Х	Е
Х	А	Р	Ч	У	В	А	Н	Н	Я	Ц	А	М	Т	Х	Т
Д	І	Є	Т	А	Б	О	Р	О	В	Х	І	Т	Я	Є	И
А	Л	Е	Р	Г	І	Я	Н	О	А	О	Я	Я	У	Є	Т

АЛЕРГІЯ
АНАТОМІЯ
АПЕТИТ
КАЛОРІЯ
ТІЛО
ДІЄТА
ТРАВЛЕННЯ
ЗНЕВОДНЕННЯ
ЕНЕРГІЯ
ГЕНЕТИКА
ГІГІЄНА
ІНФЕКЦІЯ
ХВОРОБА
МАСАЖ
ХАРЧУВАННЯ
ЛІКАРНЯ
ВАГА
КРОВ
ЗДОРОВИЙ
ВІТАМІН

2 - Aggettivi #2

Т	Д	П	Щ	Б	Ю	Т	Х	Й	И	Н	О	Л	О	С	Д
Ф	В	Е	Л	Е	Г	А	Н	Т	Н	И	Й	Г	Ж	И	Р
Н	Р	О	Ю	П	Щ	У	Ш	Є	Я	Е	І	Щ	Й	Л	А
Щ	Ь	О	Р	С	П	Р	А	В	Ж	Н	І	М	И	Ь	М
Г	Я	П	Щ	Ч	А	Ь	М	К	Є	Є	Ж	І	Н	Н	А
Н	А	Ф	І	Й	И	М	О	Д	І	В	Й	Ц	Д	И	Т
О	О	Р	Б	Ч	Д	Й	И	В	О	С	И	П	О	Й	И
В	О	Р	Я	О	У	И	С	В	И	Х	Д	У	Р	И	Ч
И	Ц	Щ	Н	Ч	Б	В	І	О	Р	Ф	Р	Щ	И	Н	Н
Й	В	Х	Є	К	Е	А	Т	И	Л	Є	О	Ц	Р	Д	І
Ч	И	С	Т	И	Й	К	Ч	Ц	Є	О	Г	Є	П	О	С
В	П	А	У	Т	Щ	І	М	У	Д	М	Д	Ю	Г	Л	У
В	Р	Ч	Е	Ю	М	Ц	Ч	О	Д	Я	Х	К	Ф	О	Х
П	Р	О	Д	У	К	Т	И	В	Н	И	Й	В	И	Г	И
Ц	Ю	Н	О	Р	М	А	Л	Ь	Н	И	Й	Я	Ц	Й	Й
З	Д	О	Р	О	В	И	Й	Я	Є	Л	О	Є	Я	Л	А

ГОЛОДНИЙ
СУХИЙ
СПРАВЖНІМ
ГАРЯЧЕ
ТВОРЧИЙ
ОПИСОВИЙ
СОЛОДКИЙ
ДРАМАТИЧНІ
ЕЛЕГАНТНИЙ
ВІДОМИЙ
СИЛЬНИЙ
ЦІКАВИЙ
ПРИРОДНИЙ
НОРМАЛЬНИЙ
НОВИЙ
ГОРДИЙ
ПРОДУКТИВНИЙ
ЧИСТИЙ
СОЛОНИЙ
ЗДОРОВИЙ

3 - Ingegneria

К	Ц	Л	Р	Р	Т	Е	М	А	І	Д	В	К	М	К	Т
Е	У	Б	О	О	О	М	Х	Ч	В	Н	К	І	Н	Л	Н
Н	Д	Т	З	З	Є	Щ	П	В	С	Ь	Н	Ь	С	Х	Н
Е	И	П	П	Р	Ш	Е	С	Т	Е	Р	Н	Я	Ш	Ь	Ь
Р	З	Л	О	А	М	А	Р	Г	А	І	Д	С	И	Л	А
Г	Е	Є	Д	Х	Ч	М	К	А	Л	Є	С	Є	І	Ґ	Б
І	Л	Ф	І	У	Н	Й	Ч	М	Ь	И	Ь	А	А	С	У
Я	Ь	Б	Л	Н	Р	І	Д	И	Н	А	Б	У	Я	Ф	Д
Ь	Ф	К	Ґ	О	Л	Ш	Н	Р	І	С	Є	И	Н	Н	І
У	Є	Х	Ч	К	Д	У	Д	В	И	Г	У	Н	Н	У	В
Я	Н	Н	А	В	Ю	Р	І	М	И	В	Н	Ґ	А	А	Н
С	Т	Р	У	К	Т	У	Р	А	Ґ	Є	П	Х	Т	І	И
С	Т	А	Б	І	Л	Ь	Н	І	С	Т	Ь	Е	Р	Ч	Ц
Ґ	Ш	У	Ж	А	Б	Г	Ь	В	Б	Ґ	Ц	Ф	Е	І	Т
А	Д	Ю	Ж	Ґ	Л	Р	К	Е	А	Ф	Д	О	Б	У	В
М	А	Ш	И	Н	А	Х	Ю	Є	Т	В	К	Н	О	Ю	О

КУТ
ВІСЬ
РОЗРАХУНОК
БУДІВНИЦТВО
ДІАГРАМА
ДІАМЕТР
ДИЗЕЛЬ
РОЗПОДІЛ
ЕНЕРГІЯ
СИЛА
ШЕСТЕРНЯ
РІДИНА
МАШИНА
ВИМІРЮВАННЯ
ДВИГУН
ГЛИБИНА
РУШІЙ
ОБЕРТАННЯ
СТАБІЛЬНІСТЬ
СТРУКТУРА

4 - Archeologia

Д	З	А	Б	У	Т	И	Й	Т	Е	К	С	П	Е	Р	Т
У	О	Т	Ж	Г	Я	І	Ц	А	З	І	Л	І	В	И	Ц
Я	К	С	Х	А	О	Є	Х	Є	І	О	К	Ц	Є	К	И
А	Е	Ч	Л	Д	Л	Щ	И	М	Л	Т	Ч	Н	Ц	Т	Щ
О	Б	И	П	І	Р	К	В	Н	А	М	Л	Ч	К	С	Ш
Н	Н	Ю	Р	Р	Д	Ж	Р	И	Н	Є	Ж	Г	О	І	О
П	Ц	Ш	Е	Я	О	Н	І	Ц	А	Ґ	Г	Ф	М	К	У
В	О	Є	Ф	І	Є	Ф	И	Я	Н	Ж	Д	М	А	П	М
О	Ь	Ф	У	В	Ч	Л	Е	К	В	А	Т	Ш	Н	Я	Я
М	Є	Ю	Є	К	И	Я	Ж	С	Т	Г	Щ	К	Д	Т	Б
Г	А	К	Н	І	Ц	О	Н	Я	О	К	Г	А	А	В	Ч
М	О	Г	И	Л	А	И	Х	Л	И	Р	И	Ф	Д	І	Р
Б	Ч	Ж	Н	Е	Н	Е	В	І	Д	О	М	И	Й	К	Г
У	Ю	Ш	О	Р	О	Б	Є	К	Т	К	Е	Р	А	О	А
Ш	Х	Р	А	М	В	И	К	О	П	Н	И	Й	Ь	Р	Ж
М	Ф	Л	Ф	Р	А	Г	М	Е	Н	Т	И	Я	Ґ	І	П

АНАЛІЗ
РОКІВ
ЦИВІЛІЗАЦІЯ
ЗАБУТИЙ
НАЩАДКА
ЕРА
ЕКСПЕРТ
ВИКОПНИЙ
ФРАГМЕНТИ
ТАЄМНИЦЯ
ОБ'ЄКТ
КІСТКИ
ПРОФЕСОР
РЕЛІКВІЯ
ДОСЛІДНИК
НЕВІДОМИЙ
КОМАНДА
ХРАМ
МОГИЛА
ОЦІНКА

5 - Salute e Benessere #1

Р	А	К	І	Л	М	К	Р	Е	Є	Р	И	Б	К	Х	Е
Л	Е	М	Я	З	И	В	І	Р	У	С	П	К	Л	Ю	С
И	І	Ф	О	Г	Е	Г	О	Л	О	Д	В	Г	І	Е	Я
А	В	К	Л	В	М	Е	Д	И	Ц	И	Н	А	Н	У	Р
К	К	Е	У	Е	У	У	Ф	Щ	П	Р	Н	І	І	Ц	О
Ч	В	Т	Ь	В	К	П	О	С	Т	А	В	А	К	Б	З
И	И	Т	И	Щ	А	С	Р	У	Ч	М	Л	Н	А	А	С
В	С	Е	Є	В	И	Н	О	М	Р	О	Г	Е	Р	К	Л
З	О	Р	Щ	Ч	Н	Ґ	Н	Ш	У	Л	И	Р	І	Т	А
И	Т	А	Г	І	Л	И	І	Я	Ш	Е	Т	В	К	Е	Б
Т	А	П	О	Ч	Б	Б	Й	Ю	Х	Р	Ф	И	Ш	Р	Л
Є	К	І	Щ	Щ	Я	Ш	Ш	Г	В	Е	Щ	Б	Х	І	Е
К	Е	Я	Г	Л	Х	В	Д	О	Ь	П	Ь	П	Ж	Ї	Н
К	Т	Г	Ц	Ч	К	Ц	Ь	Ж	Л	Я	К	Л	І	Х	Н
І	П	О	І	Ж	Ь	Ю	Л	Ц	С	П	Х	Л	Ю	Ь	Я
И	А	Ґ	О	Ш	Г	Д	Ш	Ц	И	Х	Г	Ж	Ц	Я	А

ЗВИЧКА
ВИСОТА
АКТИВНИЙ
БАКТЕРІЇ
КЛІНІКА
ГОЛОД
АПТЕКА
ПЕРЕЛОМ
МЕДИЦИНА
ЛІКАР
М'ЯЗИ
НЕРВИ
ГОРМОНИ
ШКІРА
ПОСТАВА
РЕФЛЕКС
РОЗСЛАБЛЕННЯ
ТЕРАПІЯ
ЛІКУВАННЯ
ВІРУС

6 - Aggettivi #1

К	Е	В	Я	К	А	В	Т	О	Н	К	И	Й	В	Ц	Ф
Ц	Й	Т	Е	У	Ж	А	А	Е	Й	Х	Д	Д	А	Є	Е
Й	И	К	Ш	Ч	І	Ж	Ц	Р	И	Ж	Ф	І	Ж	Р	Є
И	Н	І	У	Ж	Д	К	А	Л	Н	В	П	У	Л	Х	Х
Н	З	М	І	А	Е	И	П	В	В	Д	Ь	Л	И	С	Ж
Ч	Е	С	Н	И	Й	Й	И	К	И	Л	Е	В	В	У	Ц
И	Ч	А	Ч	П	А	М	Б	І	Т	Н	І	Х	И	Ч	І
Т	И	Б	И	Д	О	О	Б	И	К	М	О	У	Й	А	Н
Н	Л	С	Т	О	А	В	О	Б	А	Х	Б	Д	У	С	Н
Е	Е	О	О	В	Ю	І	І	Е	Т	Д	Д	О	Р	Н	И
Д	В	Л	З	Г	Ч	Ю	П	Л	В	Н	А	Ж	Г	И	Й
І	Е	Ю	К	И	М	Ю	Л	Ч	Ь	Ж	В	Н	Щ	Й	И
К	Р	Т	Е	Й	Ь	И	Г	Д	Ц	Н	І	І	Ц	Л	Л
Й	И	Н	Ч	И	Т	А	М	О	Р	А	И	Й	Л	К	Ь
І	П	И	І	Д	Е	А	Л	Ь	Н	И	Й	Й	В	Б	Е
М	Ц	Й	Ґ	М	О	Л	О	Д	И	Й	И	Р	Д	Е	Щ

АМБІТНІ
АРОМАТИЧНИЙ
ХУДОЖНІЙ
АБСОЛЮТНИЙ
АКТИВНИЙ
ВЕЛИЧЕЗНИЙ
ЕКЗОТИЧНІ
ЩЕДРИЙ
МОЛОДИЙ
ВЕЛИКИЙ

ІДЕНТИЧНИЙ
ВАЖЛИВИЙ
ПОВІЛЬНИЙ
ДОВГИЙ
СУЧАСНИЙ
ЧЕСНИЙ
ІДЕАЛЬНИЙ
ВАЖКИЙ
ЦІННИЙ
ТОНКИЙ

7 - Geologia

К	С	С	У	Р	Т	Е	Л	М	Е	З	Г	И	Ф	Д	К
Г	А	О	Т	А	Л	П	Ґ	Ь	Н	П	И	Я	Н	Й	О
У	Е	Л	Л	А	С	Т	А	Л	А	Г	М	І	Т	И	Н
Р	Ю	Й	Ь	Д	Л	У	Є	І	К	Х	Б	З	Р	В	Т
І	Б	Ш	З	Ц	О	А	Ю	С	Л	Д	Т	О	Я	О	И
Ю	С	Х	Ч	Е	І	О	К	А	У	Т	П	Р	Е	Л	Н
Ґ	Є	О	Ґ	Л	Р	Й	Л	Т	В	Ш	І	Е	Ф	А	Е
Е	Х	Щ	Щ	И	А	А	А	Ш	И	Б	К	Ц	Ч	Р	Н
К	В	А	Р	Ц	Ш	Ф	Й	Ф	Л	Т	Ф	Є	В	О	Т
К	Р	И	С	Т	А	Л	И	Е	А	М	Є	А	Щ	К	А
В	П	Є	Щ	Щ	Т	Р	Н	Щ	Р	А	Д	Б	Щ	Ш	Г
Ь	Ч	Ш	М	М	О	Щ	П	Є	Е	Ґ	Х	Ц	С	Ь	Х
Я	Р	Ф	Е	Ь	Л	Е	О	Ь	Н	І	М	А	К	П	М
Л	А	В	А	К	С	И	К	О	І	П	Е	Ч	Е	Р	А
И	Ц	С	О	Ч	И	Ц	И	Т	М	Ч	Я	М	Ф	Х	В
Ґ	Б	Ц	Д	А	К	Ч	В	Х	У	Ч	Я	П	А	Ш	Ш

КИСЛОТА
ПЛАТО
КАЛЬЦІЙ
ПЕЧЕРА
КОНТИНЕНТ
КОРАЛОВИЙ
КРИСТАЛИ
ЕРОЗІЯ
ВИКОПНИЙ
ГЕЙЗЕР
ЛАВА
МІНЕРАЛИ
КАМІНЬ
КВАРЦ
СІЛЬ
СТАЛАГМІТИ
СТАЛАКТИТ
ШАР
ЗЕМЛЕТРУС
ВУЛКАН

8 - Campeggio

О	Г	К	О	М	П	А	С	Г	Я	Р	Я	І	Ц	Ю	І
Н	К	А	М	Ґ	И	Т	К	О	Л	Р	В	К	У	Р	Х
П	Ь	І	М	Ж	Х	Р	Н	Р	О	В	О	А	С	А	К
М	Х	Ж	Р	А	П	А	Н	А	Н	Т	З	Н	А	Г	Б
Ю	І	Х	Т	Ш	К	К	К	И	І	Щ	Е	О	В	Ф	І
Ч	О	С	К	О	М	А	Х	А	Щ	А	Р	Е	І	Б	Т
Х	Є	Л	Я	В	О	Г	О	Н	Ь	Ч	О	У	Ґ	А	Л
Я	Ж	Н	Щ	Ц	П	О	Л	Ю	В	А	Н	Н	Я	Н	Т
Г	Т	И	Д	Т	Ь	О	К	Ч	С	И	О	И	Ш	А	И
У	П	Р	И	Г	О	Д	А	А	С	І	К	Ц	Ж	М	Л
О	Ґ	А	О	А	А	Є	Ь	Т	В	Н	Н	Р	Ь	Е	Д
П	П	В	Ч	Ф	М	І	Щ	О	Л	Е	С	Е	В	Т	Е
М	О	Т	У	З	К	А	Д	О	Р	И	Р	П	С	Л	С
К	А	Б	І	Н	А	М	Ш	Т	П	Г	К	Е	Д	І	Ф
Р	Х	Б	Д	Ч	К	А	П	Е	Л	Ю	Х	В	Д	С	Г
В	И	Ф	У	Л	Б	Д	П	Н	П	Ш	Н	Е	Г	К	Щ

ДЕРЕВА
ГАМАК
ТВАРИН
ПРИГОДА
КОМПАС
КАБІНА
ПОЛЮВАННЯ
КАНОЕ
КАПЕЛЮХ
МОТУЗКА
ВЕСЕЛОЩІ
ЛІС
ВОГОНЬ
КОМАХА
ОЗЕРО
МІСЯЦЬ
КАРТА
ГОРА
ПРИРОДА
НАМЕТ

9 - Tempo

С	В	Ф	У	Ч	Є	Ь	Є	О	Д	С	Ж	Ц	О	Т	Г
І	Т	Ч	І	Н	А	Н	Ц	Щ	В	Ю	К	Т	Ф	О	О
О	В	О	О	В	Н	Е	А	А	Н	И	Д	О	Г	И	Д
Я	О	Б	Л	Р	А	Д	Н	Е	Л	А	К	І	Р	Я	И
Ц	Ю	Ф	Х	І	А	Н	И	Л	И	В	Х	И	Р	О	Н
Я	Ґ	Щ	Х	А	Т	С	Ь	О	Г	О	Д	Н	І	Л	Н
Т	П	І	М	Т	Ч	Т	У	В	Я	П	Т	Ч	Ж	Л	И
І	В	Д	О	Г	Ь	Ц	Я	С	І	М	М	Ц	М	П	К
Т	И	Ж	Д	Е	Н	Ь	Е	Г	Л	А	К	О	А	Ґ	А
И	Ф	Е	Щ	Ь	Ц	П	Т	Л	Л	К	К	Є	Й	Щ	Ґ
Л	Ц	Щ	Ґ	Г	П	Р	И	Б	Е	Я	Ч	Ч	Б	К	Б
І	О	Х	С	Я	П	Е	Я	Е	Ш	М	У	Ч	У	Ц	Е
Я	Й	И	Н	Ч	І	Р	О	Щ	Т	А	М	Р	Т	Ґ	Щ
М	В	И	Я	Л	С	С	Ю	О	І	У	И	Ґ	Н	И	І
Ь	Н	Е	Д	У	Л	О	П	Р	А	Н	О	К	Є	Ш	Р
Ш	Х	Ш	Д	С	Я	Т	Т	І	Л	И	Т	Я	С	Е	Д

РІК
ЩОРІЧНИЙ
КАЛЕНДАР
ДЕСЯТИЛІТТЯ
ПІСЛЯ
МАЙБУТНЄ
ДЕНЬ
ВЧОРА
РАНОК
МІСЯЦЬ
ПОЛУДЕНЬ
ХВИЛИНА
НІЧ
СЬОГОДНІ
ГОДИНА
ГОДИННИК
СКОРО
ДО
СТОЛІТТЯ
ТИЖДЕНЬ

10 - Astronomia

Я	О	Т	Н	З	Е	М	Л	Я	Х	Ч	Ф	М	А	Г	Т
Ц	Б	М	У	В	С	Е	С	В	І	Т	Ч	І	С	А	Д
Є	С	М	Е	М	О	Н	О	Р	Т	С	А	С	Т	Л	О
Ь	Е	Щ	Ч	Є	А	Н	Е	Б	О	О	В	Я	Р	А	Ю
Я	Р	І	З	У	С	Н	Б	П	Г	М	О	Ц	О	К	К
І	В	Ґ	К	У	М	Ж	Н	Г	Л	С	Н	Ь	Н	Т	Р
Ц	А	Г	Е	Т	Т	Р	Б	І	Я	О	Д	Є	А	И	І
А	Т	Т	Р	І	Ю	У	П	О	С	К	А	Г	В	К	В
І	О	П	Е	А	Е	П	Ґ	Ш	А	Т	Н	И	Т	А	Н
Д	Р	О	Ґ	Н	В	Ф	І	Ц	П	Х	Ь	Ш	Ж	Ж	О
А	І	К	Ц	Я	А	І	А	С	Т	Е	Р	О	Ї	Д	Д
Р	Я	С	Ж	О	Щ	Л	Т	Р	А	К	Е	Т	А	У	Е
Ш	В	Е	Я	Ж	І	І	П	А	Д	Ю	Н	Д	Н	Ф	Н
Ґ	Ґ	Л	О	Е	І	Ж	Е	Г	Ц	Е	К	Ю	Ж	Б	Н
Ж	С	Е	І	И	Ш	Х	Ю	В	У	І	О	У	Є	Ч	Я
М	Е	Т	Е	О	Р	Г	Ц	Ґ	Д	Ж	Я	Ц	Н	І	У

АСТЕРОЇД
АСТРОНАВТ
АСТРОНОМ
НЕБО
КОСМОС
СУЗІР'Я
РІВНОДЕННЯ
ГАЛАКТИКА
ГРАВІТАЦІЯ
МІСЯЦЬ
МЕТЕОР
ТУМАННІСТЬ
ОБСЕРВАТОРІЯ
ПЛАНЕТА
РАДІАЦІЯ
РАКЕТА
НАДНОВА
ТЕЛЕСКОП
ЗЕМЛЯ
ВСЕСВІТ

11 - Algebra

І	В	Ф	Д	М	Ч	И	С	Л	О	Ф	Ґ	Ж	Р	Г	М
Н	У	Л	Ь	І	А	Л	У	М	Р	О	Ф	Ц	І	Р	Д
К	Р	Є	Д	У	А	Т	Е	С	Б	Г	Ц	І	В	А	Ґ
С	Щ	Я	Т	Д	М	Г	Р	О	Т	К	А	Ф	Н	Ф	Р
И	Є	Ш	Ж	О	У	Є	Р	И	Г	Л	Я	Т	Я	І	І
Ж	Н	Ч	П	Ь	С	П	Т	А	Ц	П	Х	Ь	Н	К	Ш
П	О	К	А	З	Н	И	К	Ю	М	Я	Е	Ц	Н	Л	Е
В	Ш	Ф	Д	Ц	Х	К	Ш	Ш	И	А	Щ	М	Я	Р	Н
З	Х	Ь	В	И	А	Ж	Л	І	Н	І	Й	Н	И	Й	Н
Є	М	В	Я	Е	Г	У	П	Р	О	Б	Л	Е	М	А	Я
Б	Л	І	Є	Б	Ґ	Д	К	І	Л	Ь	К	І	С	Т	Ь
Б	Т	Я	Н	Н	А	М	І	Н	Д	І	В	Я	К	С	П
И	С	Є	Ь	Н	Г	П	О	М	И	Л	К	О	В	И	Й
Б	С	И	Н	О	А	С	П	Р	О	С	Т	И	Т	И	Ж
Н	Е	С	К	І	Н	Ч	Е	Н	Н	И	Й	І	Ш	И	Я
У	К	В	Х	Ш	Р	Ч	Т	Я	В	Я	Є	Ж	Л	Р	Р

ДІАГРАМА
РІВНЯННЯ
ПОКАЗНИК
ПОМИЛКОВИЙ
ФАКТОР
ФОРМУЛА
ГРАФІК
НЕСКІНЧЕННИЙ
ЛІНІЙНИЙ
МАТРИЦЯ
ЧИСЛО
ДУЖКИ
ПРОБЛЕМА
КІЛЬКІСТЬ
СПРОСТИТИ
РІШЕННЯ
СУМА
ВІДНІМАННЯ
ЗМІННА
НУЛЬ

12 - Mitologia

І	Щ	О	Н	В	Е	Р	Р	Г	Я	С	Ю	М	Ь	Ц	Г
С	Я	Я	Х	О	Д	Д	А	Е	Є	С	І	О	О	Б	М
У	К	Ь	Й	И	Н	В	І	Р	А	Ч	Х	Н	Ї	О	В
Ь	Ц	Я	Т	Е	Л	С	Л	О	У	Ґ	Р	С	Ч	Ц	І
А	Р	Х	Е	Т	И	П	И	Й	Р	Т	Ю	Т	Ь	О	С
Л	Е	Г	Е	Н	Д	А	Ґ	Л	Л	Б	Ь	Р	С	Ч	Т
Р	Є	У	Т	Н	И	Р	І	Б	А	Л	С	Л	Д	Ь	О
Б	Е	З	С	М	Е	Р	Т	Я	П	И	М	Г	У	І	Т
С	Р	Ю	Л	І	Ц	Б	Ш	Е	О	С	Е	Т	Я	К	А
С	І	Т	Л	Р	Я	Л	В	Ч	М	К	Р	Ц	Б	Н	Я
Г	О	Р	Л	Г	Ж	Х	Т	Л	С	А	Т	Л	П	Ш	Н
П	О	В	Е	Д	І	Н	К	А	Т	В	Н	Я	Ш	Т	Е
Б	О	Ж	Е	С	Т	В	А	К	А	К	И	Є	Ф	Г	Є
С	Т	В	О	Р	Е	Н	Н	Я	И	А	Й	Ю	Я	Ґ	У
М	Ч	Я	Н	О	Х	Ж	Ь	Д	Л	Ш	П	Ш	Ч	Я	Л
Щ	Х	П	І	Д	Г	Х	Е	И	Б	Ф	Ю	Н	Ж	Х	М

АРХЕТИП
ПОВЕДІНКА
ІСТОТА
СТВОРЕННЯ
КУЛЬТУРА
ЛИХО
БОЖЕСТВА
ГЕРОЙ
СИЛА
БЛИСКАВКА
РЕВНОЩІ
ВОЇН
БЕЗСМЕРТЯ
ЛАБІРИНТ
ЛЕГЕНДА
ЧАРІВНИЙ
СМЕРТНИЙ
МОНСТР
ГРІМ
ПОМСТА

13 - Piante

Б	Г	І	Ґ	Т	Ю	Р	Щ	Ь	К	Ш	С	Н	Б	Ж	Р
Ю	Н	Ш	К	Ф	П	Ь	О	М	А	О	П	Ю	Ґ	Н	О
Д	Д	Л	Ч	Е	Х	Т	Д	С	К	Ю	М	О	Ф	Д	С
С	Ш	Н	І	Ф	У	Я	Ш	У	Т	П	К	Ґ	Л	О	Л
В	Т	Ь	С	С	Т	И	Щ	І	У	Р	О	Ц	О	Б	И
Ф	К	Н	И	Т	Р	А	В	А	С	С	А	Д	Р	Р	Н
К	В	І	Т	К	А	Д	О	Г	Я	Щ	Ь	Ж	А	И	Н
Ж	М	Р	С	М	К	Х	И	Г	М	Ш	Б	Ш	Ґ	В	І
Х	О	О	О	Ц	І	Б	Ш	Д	О	Ж	І	П	И	О	С
Л	Б	К	Р	У	Н	Л	А	К	Т	С	Ю	Л	Е	П	Т
М	О	Х	Я	Ь	А	Е	И	М	Ю	Я	Р	Г	Т	В	Ь
Х	В	К	У	Щ	Т	Н	Е	С	Б	П	И	Ю	Б	Е	Б
В	Е	И	И	Ю	О	Л	Р	Є	Т	У	Є	А	Ь	П	Ж
Ф	Р	М	Ф	Л	Б	Ф	В	Ф	П	Я	К	Л	Б	Б	Л
К	Е	Ю	Н	П	Ф	Е	М	В	Я	Ь	А	І	Ґ	А	Д
Ь	Д	Щ	У	Г	Ч	О	К	В	А	С	О	Л	Я	К	Д

ДЕРЕВО
ЯГОДА
БАМБУК
БОТАНІКА
КАКТУС
КУЩ
РОСТИ
ПЛЮЩ
ТРАВА
КВАСОЛЯ
ДОБРИВО
КВІТКА
ФЛОРА
ЛИСТЯ
ЛІС
САД
МОХ
ПЕЛЮСТКА
КОРІНЬ
РОСЛИННІСТЬ

14 - Spezie

Ш	К	Т	К	Є	Б	К	С	Т	Й	С	Ф	Ф	А	А	К
Х	А	А	Х	А	К	Ж	Е	І	И	П	П	А	Н	Р	К
М	І	Ф	Р	П	Р	Ш	І	І	К	І	В	Л	І	О	У
І	М	Л	Р	Д	Д	Р	П	Е	Р	Е	Ц	Ь	С	М	Р
П	Б	Й	С	А	А	Ь	І	Л	І	Н	А	В	Т	А	К
А	И	И	К	Ґ	Н	М	Е	О	Г	Н	Я	Ф	Ь	Т	У
П	Р	К	Я	Ц	И	Р	О	К	Ф	Н	Д	Я	М	Ь	М
Р	Ш	Д	Т	К	М	Ь	А	Н	Ц	И	Б	У	Л	Я	А
И	К	О	Ю	Ж	К	И	Ж	К	О	Р	І	А	Н	Д	Р
К	Ь	Л	І	С	Ф	Е	Н	Х	Е	Л	Ь	И	Т	Б	Л
А	Н	О	В	Ф	Я	Ш	Б	Д	С	О	Л	О	Д	К	А
Ч	А	С	Н	И	К	Ж	Д	Р	Н	К	У	С	Б	Ц	Д
Щ	Ш	Ц	Р	Ф	Х	Х	Ю	Ж	А	П	Р	Г	І	Щ	Ц
Ш	Щ	Ь	Г	Щ	Г	Ф	Ь	Ч	С	Ч	Ґ	Н	И	И	Е
І	Х	О	И	Я	В	П	Ф	Є	М	Ф	Л	О	Р	Б	П
Т	Ф	І	Т	Г	Я	Я	И	Є	М	В	Б	Д	Ж	И	Е

ЧАСНИК
ГІРКИЙ
АНІС
КОРИЦЯ
КАРДАМОН
ЦИБУЛЯ
КОРІАНДР
КМИН
КУРКУМА
КАРРІ

СОЛОДКИЙ
ФЕНХЕЛЬ
АРОМАТ
СОЛОДКА
ПАПРИКА
ПЕРЕЦЬ
СІЛЬ
ВАНІЛІ
ШАФРАН
ІМБИР

15 - Numeri

Ґ	И	І	Ф	Д	Ш	П	Е	В	Ь	О	Щ	Т	А	Б	Ш
Є	К	Ж	Е	С	К	Я	К	И	Ь	С	Д	Щ	В	І	І
Я	Н	Е	Д	Е	И	Т	Т	Ф	Р	Л	Е	О	І	Г	С
Л	Ю	Ж	М	Є	Ь	Ь	С	А	М	І	С	Т	С	Ґ	Т
Б	Ь	Д	П	П	Ь	Е	Ь	Н	Р	П	Я	Р	І	Т	Н
Ч	Ч	Щ	О	Я	Ь	Т	Я	В	Е	Д	Т	И	М	Р	А
Й	И	В	О	К	Т	Я	С	Е	Д	Л	Ь	Н	Н	И	Д
М	Р	Ь	К	Г	Я	Н	Ґ	У	Л	Ф	Т	А	А	Ш	Ц
А	И	С	А	Г	Ц	Щ	А	О	Ґ	Д	С	Д	Д	А	Я
І	Т	Ц	Д	Е	Д	О	Н	Д	С	Л	І	Ц	Ц	Б	Т
Д	О	У	Ф	Б	А	Ь	Ь	Ю	Ц	Ґ	Ш	Я	Я	Ф	Ь
Ж	Ч	Ч	А	К	Н	Р	М	П	Е	Я	Є	Т	Т	Щ	Х
У	С	Х	Г	Ч	А	М	І	Є	Л	Л	Т	Ь	Ь	І	Ц
Я	Н	Ж	Ь	Л	В	Я	С	Ж	Д	В	А	Ь	Ж	Я	М
В	Щ	Ч	Л	С	Д	С	І	М	Н	А	Д	Ц	Я	Т	Ь
Н	У	Л	Ь	Ґ	Ф	Д	В	А	Д	Ц	Я	Т	Ь	І	В

П'ЯТЬ
ДЕСЯТКОВИЙ
СІМНАДЦЯТЬ
ВІСІМНАДЦЯТЬ
ДЕСЯТЬ
ДВАНАДЦЯТЬ
ДВА
ДЕВ'ЯТЬ
ВІСІМ
ЧОТИРИ
П'ЯТНАДЦЯТЬ
ШІСТНАДЦЯТЬ
ШІСТЬ
СІМ
ТРИ
ТРИНАДЦЯТЬ
ДВАДЦЯТЬ
НУЛЬ

16 - Cioccolato

В	К	А	Р	А	М	Е	Л	Ь	Т	С	І	К	Я	С	Ш
К	У	Л	Ю	Б	Л	Е	Н	И	Й	Ч	Р	Ж	А	М	Г
О	С	В	П	Т	Є	Ю	У	Ц	Р	В	Р	Я	Т	А	І
К	Г	Є	Ш	Ж	Ю	Є	Д	І	І	Е	Ш	Г	Щ	Ч	Р
О	П	О	Р	О	Ш	О	К	И	Ш	Т	Ц	Ш	Ь	Н	К
С	Б	У	О	Р	І	Х	Ю	Ц	М	Х	Ц	Е	Ю	И	И
А	Н	Т	И	О	К	С	И	Д	А	Н	Т	Т	П	Й	Й
І	Н	Ш	О	К	М	Б	Ю	Є	Ж	Ц	Г	Х	Г	Т	И
С	Г	У	Т	Ц	Д	П	І	Ю	Р	У	Ф	П	І	Щ	М
К	А	К	А	О	Г	Я	А	Й	И	К	Д	О	Л	О	С
К	Ч	С	І	Х	А	Р	А	О	Т	Е	С	Т	Щ	П	Ц
Т	Н	Є	І	Д	Е	Р	Г	Н	І	Р	Ж	М	Я	П	У
Ш	Ч	С	О	Й	І	Р	О	Л	А	К	О	Е	А	И	К
Л	В	Б	Д	У	Ж	Ґ	Р	М	Т	И	Ч	Є	К	К	О
Е	К	З	О	Т	И	Ч	Н	І	А	В	Г	Ц	Ч	Є	Р
И	О	Є	Щ	Ь	Ю	Ж	О	Щ	Ґ	Т	П	Є	Т	Н	Ф

ГІРКИЙ
АНТИОКСИДАНТ
АРАХІС
КАКАО
КАЛОРІЙ
ЦУКЕРКИ
КАРАМЕЛЬ
СМАЧНИЙ
СОЛОДКИЙ
ЕКЗОТИЧНІ

СМАК
АРОМАТ
ІНГРЕДІЄНТ
КОКОС
ПОРОШОК
УЛЮБЛЕНИЙ
ЯКІСТЬ
РЕЦЕПТ
ЦУКОР

17 - Immigrazione

Д	Н	Ц	Ґ	П	Ґ	Н	У	М	Г	Х	О	У	С	З	Ф
Я	І	Ц	А	Р	Т	С	І	Н	І	М	Д	А	И	А	І
Ш	М	Т	П	Д	Н	С	Р	У	Ч	Ґ	Є	П	Т	К	Н
З	Р	С	И	Д	А	Н	К	Р	Ж	А	Я	Ґ	У	О	А
А	Е	И	Р	У	З	А	Ч	Е	И	Х	Ґ	У	А	Н	Н
Т	Т	Х	О	Д	Ш	В	Є	Ж	Т	В	Ь	І	Ц	Є	С
В	Ґ	А	В	О	И	К	Я	С	Л	О	Ю	Ж	І	Є	У
Е	Д	З	О	К	С	А	Т	З	О	Ь	Ґ	Ж	Я	Ф	В
Р	О	Ж	Г	У	К	Ж	Е	А	К	Х	Є	Т	Х	Я	А
Д	П	Ь	Е	М	С	Ц	Д	В	Ф	И	Ч	Щ	М	Ю	Н
Ж	О	М	Р	Е	Ц	І	Ф	О	П	Р	О	Ц	Е	С	Н
Е	М	Я	Е	Н	Ц	В	Д	М	Р	С	Ж	М	Л	Ф	Я
Н	О	Т	П	Т	М	І	У	Ґ	Х	О	Ж	Д	О	Ф	Х
Н	Г	Н	Д	И	Ю	Ш	Н	І	П	Т	С	Е	Р	Т	С
Я	А	Я	Я	К	Ь	А	Ф	Є	М	Ь	Ж	Л	І	Д	Ґ
Ю	Л	Ґ	Ц	І	Г	С	В	Я	Н	Н	Е	Ш	І	Р	Є

ДОРОСЛІ
ДОПОМОГА
ЖИТЛО
АДМІНІСТРАЦІЯ
ЗАТВЕРДЖЕННЯ
ДІТИ
ЗВ'ЯЗКИ
ДОКУМЕНТИ
ФІНАНСУВАННЯ
ЗАКОН
МОВА
ПРОЦЕС
ЗАХИСТ
ТЕРМІН
СИТУАЦІЯ
РІШЕННЯ
СТРЕС
ПЕРЕГОВОРИ
ОФІЦЕР

18 - Guida

П	Ь	О	М	Є	О	П	А	К	Е	П	З	Е	Б	Т	Р
У	Р	Я	О	Д	І	О	Л	В	Г	Ч	А	Ч	М	Р	М
П	Ц	Ж	Т	В	Е	Л	Ж	Г	Т	Ю	Г	Ч	Ф	А	Л
Ж	Н	Ц	О	Ь	Л	І	Б	О	М	О	Т	В	А	Н	И
А	Ч	Ж	Ц	Ю	Т	Ц	Г	И	Е	Ч	Б	М	О	С	Г
Р	М	Е	И	Н	Д	І	Х	О	Ш	І	П	У	Ц	П	А
А	В	Ь	К	И	У	Я	І	Р	А	В	А	Ч	С	О	Л
Г	Д	Л	Л	Н	Л	И	Х	Я	Т	Н	Н	Ф	В	Р	І
О	К	Е	Б	А	А	Т	М	С	В	И	П	Ч	Д	Т	Ц
Б	Н	Н	Т	Т	Г	С	Д	О	Ш	Є	К	Ь	П	Т	Е
П	М	У	Т	Р	А	Ф	І	К	Т	Ц	М	Д	А	Ш	Н
М	Є	Т	Н	А	Ь	П	Ь	Д	У	О	Д	О	Л	Ь	З
Ь	Т	С	І	К	Д	И	В	Ш	Ю	Ш	Р	Р	И	Т	І
К	Ґ	Ґ	Е	Д	Ґ	Б	Щ	Е	О	Я	И	О	В	К	Я
Н	Е	Б	Е	З	П	Е	К	А	Ж	О	Г	Г	О	С	Є
Я	Ь	Б	Х	Ю	П	Т	Р	Ж	Б	Р	С	А	Я	К	Ґ

АВТОМОБІЛЬ
АВТОБУС
ПАЛИВО
ГАЛЬМА
ГАРАЖ
ГАЗ
АВАРІЯ
ЛІЦЕНЗІЯ
КАРТА
МОТОЦИКЛ
МОТОР
ПІШОХІД
НЕБЕЗПЕКА
ПОЛІЦІЯ
БЕЗПЕКА
ДОРОГА
ТРАФІК
ТРАНСПОРТ
ТУНЕЛЬ
ШВИДКІСТЬ

19 - Forza e Gravità

У	В	Ч	В	Д	П	Щ	В	Н	П	Ґ	М	И	О	Х	І
Н	У	А	Ж	П	И	Ж	М	І	О	И	Х	Ч	С	Ф	Ж
І	Ф	С	П	Р	Л	Ш	І	В	С	Р	И	М	Ш	О	Є
В	І	К	Н	Я	И	И	Є	І	Ю	Ь	Б	В	А	Г	А
Е	З	Ч	Б	Т	У	Ґ	В	Д	Б	Н	А	І	Г	Г	Ц
Р	И	Ж	Я	Р	У	Х	Ґ	К	Л	А	И	Б	Т	Ж	Ш
С	К	Ь	Х	Е	Л	Д	Ц	Р	А	Т	М	Р	Ґ	А	Ж
А	А	Д	І	Т	С	О	В	И	Т	С	А	Л	В	Є	Ф
Л	Ц	М	О	Л	И	Ґ	Ь	Т	Х	Д	О	Е	А	Ґ	Є
Ь	П	Л	А	Н	Е	Т	Ь	Т	С	І	К	Д	И	В	Ш
Н	Ф	Щ	И	С	Ц	Ь	І	Я	І	В	О	І	Ш	Ч	Ю
И	К	Я	П	И	Е	Д	И	Н	А	М	І	Ч	Н	И	Й
Й	Б	Б	Г	Ц	Н	М	А	Г	Н	Е	Т	И	З	М	Ю
М	Ю	П	Д	Ґ	Т	О	Ю	Х	И	Т	И	С	К	Ц	В
І	Б	У	П	Ж	Р	Р	О	З	Ш	И	Р	Е	Н	Н	Я
М	Е	Х	А	Н	І	К	А	Ф	Ю	Щ	Х	Ь	А	В	Ч

ВІСЬ
ТЕРТЯ
ЦЕНТР
ДИНАМІЧНИЙ
ВІДСТАНЬ
РОЗШИРЕННЯ
ФІЗИКА
ВПЛИВ
МАГНЕТИЗМ
МЕХАНІКА
РУХ
ОРБІТА
ВАГА
ПЛАНЕТ
ТИСК
ВЛАСТИВОСТІ
ВІДКРИТТЯ
ЧАС
УНІВЕРСАЛЬНИЙ
ШВИДКІСТЬ

20 - Sport

К	Є	В	В	Д	Ш	С	І	Н	Щ	У	О	Я	Р	П	Ґ
Д	Й	Е	К	О	Х	У	Р	О	Є	Ь	Б	С	Ш	Г	М
Ґ	У	Л	О	Б	Т	Е	К	С	А	Б	С	Д	Н	В	Ґ
Ь	Я	О	Ю	П	П	Е	Р	Е	М	О	Ж	Е	Ц	Ь	Г
Т	Ц	С	Є	Л	С	К	Я	Р	Ж	К	Н	Ж	А	Ц	І
Х	Б	И	Т	А	Н	О	І	П	М	Е	Ч	Л	К	И	М
Н	П	П	Ч	В	С	Т	А	Д	І	О	Н	И	И	К	Н
Г	Ц	Е	Б	А	А	Б	К	І	Щ	Ґ	І	Ґ	Т	О	А
К	Р	Д	У	Т	Н	Е	М	С	Т	Р	О	П	С	М	З
Р	Т	А	Д	И	Ш	Й	Т	Ь	А	Л	Г	В	А	А	І
Я	Е	Я	Д	Д	У	С	Ь	Р	Е	Г	Т	Р	Н	Н	Я
Р	Н	Ж	В	Ж	В	Б	Р	Б	Е	М	Ц	С	М	Д	Ш
І	І	О	Ь	М	Я	О	П	Є	Д	Н	Р	Г	І	А	Ц
Ь	С	Р	В	Ф	Ь	Л	О	Г	Р	Ф	Е	Ю	Г	Ю	Г
Г	Р	А	В	Е	Ц	Ь	Н	Н	С	Х	Б	Р	Я	М	Ь
М	Ч	Л	Л	Ц	Р	Р	Р	А	Т	К	Ґ	Ю	Г	П	Ч

ТРЕНЕР
СУДДЯ
СПОРТСМЕН
БЕЙСБОЛ
БАСКЕТБОЛ
ВЕЛОСИПЕД
ЧЕМПІОНАТ
ГІМНАСТИКА
ГРАВЕЦЬ
ГРА
ГОЛЬФ
ХОКЕЙ
РУХ
ПЛАВАТИ
ГІМНАЗІЯ
КОМАНДА
СТАДІОН
ТЕНІС
ПЕРЕМОЖЕЦЬ

21 - Uccelli

П	С	Т	Р	А	У	С	Ч	Т	Н	К	Г	О	Л	У	Б
П	І	З	О	З	У	Л	Я	Ш	Е	А	А	К	Й	А	Ч
Ю	А	Н	А	К	І	Л	Е	П	Х	Ч	К	Щ	Ц	Д	П
К	К	В	Г	Е	Є	П	Б	М	Ф	К	Е	У	А	А	А
У	Д	Ф	И	В	Я	Й	Ц	Е	С	А	Л	К	Т	Є	П
Р	І	Л	П	Ч	І	Г	О	Р	О	Б	Е	Ц	Ь	І	У
К	Б	А	Щ	Ґ	Г	Н	У	Ц	Г	Б	Л	Е	Р	О	Г
А	Е	М	О	Ш	Ґ	Ю	Щ	Г	У	С	К	А	Ґ	И	А
Д	Л	І	Ц	Ц	Ю	И	К	Ж	О	Л	Х	Ш	О	Є	Л
Ч	Е	Н	Є	М	К	Ф	К	Ш	Ж	Д	Е	Ц	Є	П	В
Є	О	Г	О	М	Т	Р	Ґ	Ш	Я	С	Т	Р	У	Б	Ц
М	Я	О	Ь	М	Ж	Б	Ч	А	П	Л	Я	І	Є	А	А
Ф	П	І	П	Ш	С	Т	М	В	А	Г	І	П	А	Ґ	Н
С	І	Т	В	В	Ч	О	П	Д	С	О	Щ	Ф	К	Ґ	Г
Д	Р	Б	Т	Ж	Т	Щ	Л	Д	Л	М	Н	Я	Е	У	В
М	У	П	Ґ	Ш	Ч	Х	Ґ	Ф	Ш	М	А	О	Е	И	М

ЧАПЛЯ
КАЧКА
ОРЕЛ
ЛЕЛЕКА
ЛЕБІДКА
ЗОЗУЛЯ
ЯСТРУБ
ФЛАМІНГО
ЧАЙКА
ГУСКА
ПАПУГА
ГОРОБЕЦЬ
ПАВИЧ
ПЕЛІКАН
ГОЛУБ
ПІНГВІН
КУРКА
СТРАУС
ТУКАН
ЯЙЦЕ

22 - Giorni e Mesi

К	Щ	Р	В	И	У	Ю	І	Н	Ц	Ц	В	І	П	С	И
Б	Г	И	І	Ц	И	У	К	У	Т	С	І	Ч	О	Е	Д
В	І	Ю	И	Х	Ь	М	І	Л	О	У	В	Е	Н	Р	У
Ю	Л	И	С	Т	О	П	А	Д	К	Б	Т	Р	Е	П	І
Щ	Е	С	Е	Т	Б	Р	Г	Ц	Ґ	О	О	В	Д	Е	Н
И	В	Е	Е	М	Я	А	І	Р	Д	Т	Р	Е	І	Н	Ю
О	Б	Р	Я	Л	І	Д	Е	Н	У	А	О	Н	Л	Ь	К
Ш	Я	Е	Г	Д	А	Н	Щ	С	С	Д	К	Ь	О	С	В
Л	Ц	Д	Д	Ь	Н	Е	Т	В	О	Ж	Е	Ь	К	І	І
Н	И	А	Р	Є	Щ	Л	Ю	Т	И	Й	Ж	Н	Ш	Ч	Т
Т	Н	П	Д	И	Т	А	Г	І	Ь	У	І	Е	Ь	Е	Е
А	Т	Ц	Е	Я	Т	К	І	Р	А	Я	К	С	І	Н	Н
М	Я	Ґ	Ь	Н	Т	И	Ж	Д	Е	Н	Ь	Е	І	Ь	Ь
Х	П	І	Р	М	Ь	М	І	С	Я	Ц	Ь	Р	Я	Д	И
Е	Ц	Т	О	Ф	В	Л	Я	Ц	Ю	Е	Б	Е	Г	Щ	П
И	Ґ	Ж	Щ	У	Є	Є	Г	Б	Щ	У	О	В	П	Щ	Я

СЕРПЕНЬ
РІК
КВІТЕНЬ
КАЛЕНДАР
ГРУДЕНЬ
НЕДІЛЯ
ЛЮТИЙ
СІЧЕНЬ
ЧЕРВЕНЬ
ЛИПЕНЬ
ПОНЕДІЛОК
ВІВТОРОК
СЕРЕДА
МІСЯЦЬ
ЛИСТОПАД
ЖОВТЕНЬ
СУБОТА
ВЕРЕСЕНЬ
ТИЖДЕНЬ
П'ЯТНИЦЯ

23 - Casa

Г	И	Я	Ю	К	А	П	Ґ	К	Ш	П	Я	Н	Х	У	К
Є	О	О	О	К	Т	О	Л	Ь	І	Л	Я	Щ	Е	Ш	А
Л	Ж	Р	Ч	Б	Ж	В	Ш	А	Я	М	Ф	П	Х	Ґ	М
П	О	Ь	И	Ф	Е	Е	Т	Ь	Я	Д	Н	А	Р	К	І
П	А	О	Р	Щ	Н	Р	Ґ	В	А	Я	Х	А	С	Ж	Н
Б	Д	Р	О	Г	Е	Х	Д	А	Х	В	К	К	Т	Ь	П
Ш	Ф	Ц	К	Б	Б	Ц	Ю	О	Ш	Я	И	Е	Х	А	Ж
У	Щ	Ж	Е	А	А	К	Е	Т	О	І	Л	Б	І	Б	Г
Д	В	Е	Р	І	Н	Е	Ц	В	Л	Г	И	В	С	О	А
Т	С	Г	С	Б	І	А	К	І	А	Ґ	М	Ґ	А	У	Р
М	І	Т	Л	А	Т	Ь	Д	К	К	Я	О	Ю	Д	Е	А
Ц	Ф	Д	Щ	Г	С	П	Щ	Н	Р	П	К	Ю	Д	М	Ж
Щ	Ш	У	К	Є	С	О	И	О	Е	Л	И	Я	М	Д	Д
А	О	Ш	М	Н	Ч	Ф	С	Б	З	Ч	Ц	А	А	Т	С
К	С	Т	Е	Л	Я	Ч	В	С	Д	С	И	Б	Т	Ш	Ч
Є	Г	И	О	Ю	Г	Р	Ґ	Л	А	М	П	А	Є	Є	Ю

ГОРИЩЕ
БІБЛІОТЕКА
КІМНАТА
КАМІН
КУХНЯ
ДУШ
ВІКНО
ГАРАЖ
САД
ЛАМПА
СТІНА
ПОВЕРХ
ДВЕРІ
ПАРКАН
КРАН
МІТЛА
СТЕЛЯ
ДЗЕРКАЛО
КИЛИМОК
ДАХ

24 - Ristorante #1

Г	Б	О	Я	Ц	В	В	Г	Я	П	С	М	І	І	И	С
К	І	Н	Г	Р	Е	Д	І	Є	Н	Т	И	Я	И	Ц	У
У	О	Ш	Г	Я	Х	Х	Ц	Ф	И	К	Д	П	С	Л	С
Х	К	Ф	Х	Я	В	Щ	Ґ	Т	У	А	В	А	К	О	О
Н	У	Б	І	Ч	Ш	О	К	Т	Р	С	С	Ж	Ь	Т	У
Я	Р	Р	Д	Ц	Л	В	С	Є	Ґ	И	Ф	Ї	Ґ	Є	С
Ц	К	О	Е	Г	І	А	К	Л	І	Р	А	Т	Б	У	Л
Е	А	Н	С	Ґ	В	А	Л	К	Г	О	С	Т	Р	И	Й
Е	Ш	Ю	Е	Т	Е	Ю	Н	Е	М	Х	Л	І	Б	Б	Л
І	А	В	Р	К	А	Ю	Х	Т	Р	Л	Г	Н	В	О	У
Т	Ч	А	Т	В	Ж	Ч	Р	Ь	К	Г	І	Я	У	Р	Б
В	Д	Н	У	П	В	В	Щ	Л	Ґ	А	І	Х	Ш	Д	О
Є	Р	Н	С	Щ	Ж	Ц	Е	Ю	Ґ	Ґ	Х	Я	В	Л	Ч
Ч	Ь	Я	Н	С	Х	Ш	А	В	Р	І	А	Р	Ю	С	Ц
О	Ж	Б	Н	І	Ж	С	Е	Р	В	Е	Т	К	А	В	К
Ж	Д	Є	Л	Н	Н	Л	Ч	Ш	І	Х	Ю	И	Ч	Ь	Щ

АЛЕРГІЯ
КАВА
ОФІЦІАНТКА
М'ЯСО
КАСИР
ЇЖА
ЧАША
НІЖ
КУХНЯ
ДЕСЕРТ
ІНГРЕДІЄНТИ
МЕНЮ
ХЛІБ
ТАРІЛКА
ГОСТРИЙ
КУРКА
БРОНЮВАННЯ
СОУС
СЕРВЕТКА

25 - Fantascienza

Р	Д	Щ	У	Р	Е	А	Л	І	С	Т	И	Ч	Н	И	Й
О	Х	Ь	Я	І	П	О	Т	У	И	Т	Н	А	Г	Н	И
Б	Т	Н	В	Ц	Е	С	І	У	Т	О	П	І	Я	Ц	Ч
О	Д	Ь	Н	О	Г	О	В	У	Ч	Ж	Л	М	Р	С	И
Т	Е	Т	И	Ш	О	Ш	С	Б	І	О	Ц	Е	М	Я	Н
И	І	В	Й	И	Н	М	О	Т	А	У	Р	Е	У	Д	М
Є	Ю	П	Ф	К	Ж	Й	В	Г	Ч	А	И	А	В	Ч	Є
І	Щ	С	У	Н	Ч	І	Ш	Б	Ю	Т	С	А	К	Х	А
Л	Л	Ю	Ж	И	Н	Р	Т	Н	Х	К	П	Л	Х	У	Т
Н	О	Ю	І	Г	Р	А	К	И	Т	К	А	Л	А	Г	Л
Р	О	К	З	И	Ч	Н	С	Х	Д	Г	У	П	Т	Л	М
Т	Ґ	Ь	Б	І	Р	Е	Ч	У	Р	Є	К	І	Е	Д	А
Н	В	О	К	Т	Я	Ц	У	Б	О	Я	І	Л	Н	Ю	Т
Ф	У	Т	У	Р	И	С	Т	И	Ч	Н	И	Й	А	Ь	Л
Ґ	Г	К	Ч	У	Д	А	І	В	Ж	Є	І	Х	Л	Ь	Ч
Т	Е	Х	Н	О	Л	О	Г	І	Я	В	І	К	П	Ю	Ш

АТОМНИЙ
КІНО
АНТИУТОПІЯ
ВИБУХ
ВОГОНЬ
ФУТУРИСТИЧНИЙ
ГАЛАКТИКА
ІЛЮЗІЯ
УЯВНИЙ
КНИГИ
ТАЄМНИЧИЙ
СВІТ
ОРАКУЛ
ПЛАНЕТА
РЕАЛІСТИЧНИЙ
РОБОТИ
СЦЕНАРІЙ
ТЕХНОЛОГІЯ
УТОПІЯ

26 - Città

К	О	Н	И	Р	Є	Д	О	Ж	У	М	Я	Г	Б	Ь	Ш
Л	С	И	У	Ч	Т	Е	Т	У	Н	Б	У	Р	Ґ	И	К
І	Ш	З	Н	Ч	І	А	Ь	К	І	І	Р	З	Є	Н	О
Н	А	А	Ш	Х	Ь	П	Е	Е	В	Б	Ю	З	Е	Н	Л
І	Х	Г	Г	Н	Б	І	Д	Т	Е	Л	Щ	О	В	Й	А
К	Н	А	Г	О	Т	Е	Л	Ь	Р	І	Р	О	Л	Є	Р
А	Р	М	Щ	І	Е	К	Т	С	С	О	Ш	П	Ф	Ґ	Ц
Ж	Е	Д	И	Д	К	Ф	Р	Ю	И	Т	Н	А	Л	Щ	Є
Щ	С	Є	Е	А	Р	А	О	І	Т	Е	Б	Р	О	М	Ц
Б	Т	Я	Х	Т	А	П	П	Я	Е	К	А	К	Р	Д	П
А	О	В	С	С	М	Т	О	Е	Т	А	Н	Ь	И	Ж	Ш
К	Р	Ь	Ц	Р	Р	Е	Р	Р	К	Т	К	Н	С	Р	Ь
І	А	Н	Ж	Р	Е	К	Е	Е	У	А	В	Я	Т	Ш	Г
Н	Н	Л	Л	Д	П	А	А	Л	Ю	Х	Р	Г	Ф	Г	Ж
О	Ж	Г	Н	К	У	А	Х	А	В	Ж	В	Н	Я	Б	Ш
А	В	Ю	Р	Ь	С	Ж	Р	Г	Я	Х	Р	Ф	Я	М	Ґ

АЕРОПОРТ
БАНК
БІБЛІОТЕКА
КІНО
КЛІНІКА
АПТЕКА
ФЛОРИСТ
ГАЛЕРЕЯ
ГОТЕЛЬ
РИНОК
МУЗЕЙ
МАГАЗИН
ПЕКАРНЯ
РЕСТОРАН
ШКОЛА
СТАДІОН
СУПЕРМАРКЕТ
ТЕАТР
УНІВЕРСИТЕТ
ЗООПАРК

27 - Fattoria #1

З	У	Ь	Н	Ц	Ш	О	О	Я	Л	Е	Т	О	П	П	У
Ш	Г	Я	Н	Н	І	С	А	Н	А	К	Р	А	П	О	Т
Ґ	У	Р	Л	Н	А	Е	Ц	И	Ф	С	С	С	Ю	Л	І
Ґ	Н	Ґ	А	Ф	М	Л	Щ	В	Є	Л	Л	А	Є	Е	А
К	Г	И	Б	Я	Р	Ж	О	С	С	І	Н	О	П	К	Б
Е	О	Ж	Г	К	Ь	Д	Р	Ж	Ь	Н	Ю	Д	К	Ь	С
Е	В	Р	К	О	З	А	И	Н	Д	Ґ	Ц	Ж	І	К	В
Р	Б	И	О	Ю	Я	Д	С	Т	У	Б	В	Щ	Н	Е	М
Ч	Є	Ь	Ю	В	Д	О	Б	Р	И	В	О	Я	Ь	Ф	У
В	Е	Ч	Ю	П	А	В	З	Е	М	Л	Я	Л	Е	Ш	Н
Ю	М	О	Є	К	Д	Л	О	Ь	У	Е	В	С	Є	Е	А
П	Е	С	К	І	С	Г	Ш	М	Е	Н	Є	Я	С	Ч	С
Ґ	Х	У	У	Ш	С	Г	Г	П	І	Щ	К	М	П	Е	У
К	Д	І	Р	К	Ф	Л	А	Ю	Ґ	Е	И	Щ	Р	Ґ	П
Ґ	Х	К	К	А	П	Л	Ф	Ь	Ф	Г	А	Ж	С	Ч	Х
П	Н	Ж	А	І	М	О	Д	Н	Ж	Е	Я	М	Е	Д	Е

ВОДА
БДЖОЛА
ОСЕЛ
ПОЛЕ
ПЕС
КОЗА
КІНЬ
ДОБРИВО
СІНО
КІШКА

ЗГРАЯ
СВИНЯ
МЕД
КОРОВА
КУРКА
ПАРКАН
РИС
НАСІННЯ
ЗЕМЛЯ
ТЕЛЯ

28 - Psicologia

Е	И	Й	И	М	О	Д	І	В	С	Е	Н	Ж	П	К	Ф
В	Г	Х	О	Ь	Т	С	І	Н	Ь	Л	А	Е	Р	О	Р
Ф	І	А	К	Н	І	Ц	О	Ь	Я	В	А	Н	О	Н	Х
П	І	Д	Ь	Х	Б	О	С	Б	Ф	О	С	Г	Б	Ф	Я
І	П	Д	Ч	Є	Н	Т	И	Ю	И	Є	О	Г	Л	Л	А
З	Р	Л	Е	У	Я	Я	Ґ	В	В	С	В	О	Е	І	В
Н	И	Я	К	Ї	Т	Ж	В	Щ	Ь	Ж	Т	И	М	К	А
А	З	Щ	Л	І	Т	Т	Е	Г	О	Г	С	О	А	Т	А
Н	Н	Щ	І	Ц	Я	А	Я	Ю	К	Я	Н	У	С	М	К
Н	А	Р	Н	О	Н	У	І	Ц	Ш	М	И	Ж	І	Т	Н
Я	Ч	Д	І	М	Й	С	П	В	Ь	М	Т	Л	Х	А	І
С	Е	У	Ч	Е	И	Ґ	А	Щ	Л	Ж	И	Щ	К	К	Д
Н	Н	М	Н	М	Р	Ш	Р	Е	Ь	Ф	Д	Р	Ш	С	Е
Д	Н	К	И	М	П	О	Е	Д	О	С	В	І	Д	С	В
Щ	Я	И	Й	Л	С	Ґ	Т	У	Д	Б	У	Ц	У	Н	О
П	Я	П	І	Д	С	В	І	Д	О	М	О	С	Т	І	П

ПРИЗНАЧЕННЯ
КЛІНІЧНИЙ
ПІЗНАННЯ
ПОВЕДІНКА
КОНФЛІКТ
ЕГО
ЕМОЦІЇ
ДОСВІД
ІДЕЇ
НЕСВІДОМИЙ
ДИТИНСТВО
ДУМКИ
СПРИЙНЯТТЯ
ОСОБИСТОСТІ
ПРОБЛЕМА
РЕАЛЬНІСТЬ
ВІДЧУТТЯ
ПІДСВІДОМОСТІ
ТЕРАПІЯ
ОЦІНКА

29 - Paesaggi

Я	Г	О	Р	А	П	Д	К	І	Р	Д	Н	Ф	Б	Д	О
Х	Р	У	Є	Я	В	Л	Х	Ю	І	В	О	Л	О	А	К
Е	Е	І	Щ	Л	І	Ю	Я	Ж	Ч	Н	Р	Л	Г	Т	Е
М	Б	О	З	Е	Р	О	І	Ж	К	Ґ	І	Х	И	Ц	А
О	С	Т	Ф	Т	Т	У	Т	П	А	Я	Р	С	Ц	Н	Н
Р	Й	О	Ч	С	С	В	У	О	С	Т	Р	І	В	Б	А
Е	А	Л	И	У	О	О	Н	П	А	Г	О	Р	Б	Х	К
У	Ь	О	Ш	П	В	Д	Д	Н	Р	О	А	З	И	С	Л
И	Л	Б	Л	Ь	І	О	Р	Г	Е	Й	З	Е	Р	Е	У
В	Р	Ь	С	А	П	С	А	Ш	Ч	Н	Ч	Х	О	Щ	В
Ю	О	Ґ	О	Д	Н	П	Л	Л	Е	М	И	В	Г	Ґ	Ц
Р	Г	Ж	Н	Д	Д	А	Ю	Т	П	Ш	Щ	Ч	У	Н	І
И	Т	У	Ж	О	О	Д	М	Ж	Х	Х	Є	Ж	Ш	Ґ	Б
І	С	И	Ц	Ж	Ш	В	Щ	Ю	І	Ф	Д	Ф	Я	П	К
Ч	Ф	Т	Ч	Л	И	Ж	И	В	В	Д	І	Я	В	О	Ц
Д	А	І	Ь	С	А	П	Е	К	Ч	Ц	Л	Ф	Н	Є	Ж

ВОДОСПАД
ПАГОРБ
ПУСТЕЛЯ
РІЧКА
ГЕЙЗЕР
ЛЬОДОВИК
ПЕЧЕРА
АЙСБЕРГ
ОСТРІВ
ОЗЕРО
МОРЕ
ГОРА
ОАЗИС
ОКЕАН
БОЛОТО
ПІВОСТРІВ
ПЛЯЖ
ТУНДРА
ДОЛИНА
ВУЛКАН

30 - Energia

Б	В	Ж	І	М	Ж	Є	В	К	Т	Ь	В	Е	В	Е	Е
Е	І	Ш	Т	О	Щ	Д	У	Д	У	У	М	Н	О	Л	Д
Н	Т	Є	С	Ч	А	Х	Г	Д	Р	А	П	Т	Д	Е	К
З	Е	Р	О	Ш	П	И	Л	Т	Б	А	Ш	Р	Е	К	Р
И	Р	А	В	О	А	Н	Е	Й	І	С	Є	О	Н	Т	Д
Н	Ж	Ю	О	О	Л	А	Ц	И	Н	Ц	Б	П	Ь	Р	В
Г	И	Г	Л	Н	И	В	Ь	Н	А	Є	Щ	І	К	О	И
У	Ю	И	С	Т	В	Ю	Щ	Р	С	Л	Щ	Я	Ш	Н	Г
Ц	Щ	Ґ	И	Г	О	Л	П	Е	Т	Ш	О	Е	Р	О	У
У	Н	Ш	М	Р	Ш	В	Я	Д	Т	П	С	Р	Ю	О	Н
Ф	О	Т	О	Н	М	О	Г	Я	К	Л	Е	А	Н	Щ	А
З	А	Б	Р	У	Д	Н	Е	Н	Н	Я	Є	Т	Г	Ц	Т
Ц	К	Т	П	П	Ч	О	О	Я	Є	Ф	Л	А	Ф	А	У
Д	И	З	Е	Л	Ь	П	Т	Ч	Д	Ш	Е	Б	Х	У	Р
А	Б	Т	Т	Ч	В	С	Е	Р	Е	Д	О	В	И	Щ	Е
Е	Л	Е	К	Т	Р	И	Ч	Н	И	Й	Т	У	Ь	Ц	Н

СЕРЕДОВИЩЕ
БАТАРЕЯ
БЕНЗИН
ТЕПЛО
ВУГЛЕЦЬ
ПАЛИВО
ДИЗЕЛЬ
ЕЛЕКТРИЧНИЙ
ЕЛЕКТРОН
ЕНТРОПІЯ
ФОТОН
ВОДЕНЬ
ПРОМИСЛОВОСТІ
ЗАБРУДНЕННЯ
ДВИГУН
ЯДЕРНИЙ
ПОНОВЛЮВАНИХ
ТУРБІНА
ПАР
ВІТЕР

31 - Ristorante #2

Ж	С	О	Л	И	Л	Л	Т	П	У	Ф	Л	Я	Щ	Ш	Х
Ґ	О	Ц	Ф	У	М	Ґ	Ґ	К	У	Р	Г	Й	А	Е	Є
Д	О	Н	Д	Р	П	Х	Т	Р	В	Д	Х	Ц	Т	Ш	Л
Є	Є	Ґ	Ч	Ю	У	Х	Ґ	Є	Ч	Р	А	Я	К	І	У
Ж	Є	Ж	Ш	Л	С	К	О	Ч	М	Й	П	Я	Б	Ч	В
Л	В	Л	Р	Г	Е	О	Т	Н	А	І	Ц	І	Ф	О	Е
Ш	К	О	Р	В	Ж	Я	П	Ю	К	П	О	Ш	В	В	Ч
М	Ґ	Р	Д	Н	Н	Ш	У	Л	Ж	А	М	Ц	Ф	О	Е
Е	У	О	І	А	К	Л	И	В	О	Н	Х	Ю	И	Ч	Р
Г	Й	У	Л	С	О	П	И	О	Л	Т	О	Р	Т	С	Я
Ю	И	І	О	Ь	Л	Ч	Ч	И	Л	Я	Г	Ґ	А	М	Н
Є	Н	Ж	П	Л	Ґ	О	Л	Ж	И	К	Щ	Х	Ч	Ь	Ц
И	Ч	М	Д	І	Б	О	Є	Я	Т	Ф	П	Ґ	Г	В	Я
З	А	К	У	С	К	А	Б	И	Р	К	Ц	Щ	В	Т	К
О	М	С	П	Е	Ц	І	Ї	П	П	П	Є	Ц	Е	О	К
В	С	С	А	Л	А	Т	І	Є	Ч	Н	Ч	Ш	К	Д	Ф

ВОДА
ЗАКУСКА
НАПІЙ
ОФІЦІАНТ
ВЕЧЕРЯ
ЛОЖКА
СМАЧНИЙ
ВИЛКА
ФРУКТ
ЛІД
САЛАТ
СУП
РИБА
ОБІД
СІЛЬ
КРІСЛО
СПЕЦІЇ
ТОРТ
ЯЙЦЯ
ОВОЧІ

32 - Moda

К	К	А	Р	У	Т	С	К	Е	Т	К	Ч	О	В	Т	С
О	О	В	И	Ж	Е	Р	Е	М	Б	Л	О	Д	Ь	Щ	У
М	Н	К	Б	Л	Н	С	Р	Ф	А	Щ	Р	Я	М	Г	Ч
Ф	У	Н	Т	Ь	Д	В	У	Ж	Б	Н	И	Г	Г	Щ	А
О	Р	О	Ц	Б	Е	Х	К	М	Щ	М	Г	И	Є	Х	С
Р	Е	П	И	Я	Н	Н	А	В	Ю	Р	І	М	И	В	Н
Т	З	К	І	Л	Ц	Й	П	Ґ	Х	Щ	Н	Щ	Ж	Б	И
Н	І	И	Ю	Т	І	И	А	Р	Л	Ґ	А	Б	Ч	Щ	Й
О	В	В	Н	Г	Я	Н	С	А	О	Ь	Л	И	Т	С	Р
Ч	В	Б	И	Л	К	Ч	Ф	К	Д	С	К	Я	Т	И	Я
Ф	П	Ь	Н	Ч	Ю	И	Є	В	Б	О	Т	У	О	В	У
Е	Л	Е	Г	А	Н	Т	Н	И	Й	У	Р	И	І	А	Х
У	И	Ґ	У	М	Ц	К	О	Ш	Л	С	Т	О	Й	Р	П
Т	К	А	Н	И	Н	А	К	И	Ч	В	Л	И	Г	К	Ш
Д	Є	І	Н	С	В	Р	Ф	В	Ч	Г	А	Ц	К	О	Ч
Ь	Щ	И	Я	К	Б	П	С	К	Р	О	М	Н	И	Й	С

ОДЯГ
БУТИК
ДОРОГО
КОМФОРТНО
ЕЛЕГАНТНИЙ
ВИМІРЮВАННЯ
ВІЗЕРУНОК
СУЧАСНИЙ
СКРОМНИЙ
ОРИГІНАЛ
МЕРЕЖИВО
ПРАКТИЧНИЙ
КНОПКИ
ВИШИВКА
ПРОСТИЙ
СТИЛЬ
ТЕНДЕНЦІЯ
ТКАНИНА
ТЕКСТУРА

33 - L'Azienda

П	Р	Е	З	Е	Н	Т	А	Ц	І	Я	Ґ	Л	Ш	Б	П
М	О	Ж	Л	И	В	І	С	Т	Ь	Я	Х	М	Ц	Л	Р
П	Т	Е	Н	Д	Е	Н	Ц	І	Ї	Н	Ґ	Ш	Я	Р	О
Ш	Р	У	Т	Е	Ж	Ф	Ж	Б	О	Н	Ч	Г	К	Е	Ф
Д	Ф	О	Р	Т	П	Щ	О	Т	Л	Е	Ф	Л	І	С	Е
Р	І	Я	М	Т	В	У	И	Г	Е	Ш	І	О	С	У	С
Щ	Е	Л	Т	И	Л	О	Д	О	Х	І	Д	Б	Т	Р	І
А	Ґ	П	К	И	С	Е	Р	Г	О	Р	П	А	Ь	С	Й
Ґ	Я	І	У	М	В	Л	М	Ч	С	Ш	Я	Л	О	И	Н
Б	Ю	Т	Д	Т	С	Ш	О	Е	И	О	С	Ь	Д	К	И
Л	Г	Е	О	Є	А	О	Р	В	Д	Й	У	Н	И	И	Й
Ж	Б	У	Р	Є	А	Ц	Ц	Е	О	І	С	И	Н	З	А
К	Є	Т	П	Б	Ю	Б	І	П	Ґ	С	В	Й	И	И	Ґ
Е	С	О	Ю	М	Ж	Д	Я	Я	Ш	О	Т	М	Ц	Р	В
І	Н	В	Е	С	Т	И	Ц	І	Ї	І	В	І	Ь	Ю	Ф
А	Ф	О	Я	І	Н	Н	О	В	А	Ц	І	Й	Н	И	Й

ТВОРЧИЙ
РІШЕННЯ
ГЛОБАЛЬНИЙ
ПРОМИСЛОВОСТІ
ІННОВАЦІЙНИЙ
ІНВЕСТИЦІЇ
МОЖЛИВІСТЬ
ПРЕЗЕНТАЦІЯ
ПРОДУКТ
ПРОФЕСІЙНИЙ
ПРОГРЕС
ЯКІСТЬ
ДОХІД
РЕПУТАЦІЯ
РИЗИКИ
РЕСУРСИ
ТЕНДЕНЦІЇ
ОДИНИЦЬ

34 - Giardino

В	Г	Ю	Ш	Т	К	У	А	Є	Б	Л	К	Ж	Ґ	Ш	Ю
Д	А	С	Й	И	В	О	Т	К	У	Р	Ф	Т	Г	Ю	Г
А	З	Б	У	Р	Я	Н	І	В	Л	Б	Ю	Е	Р	Є	Д
С	О	Ю	Ґ	Л	Л	М	Я	Ф	О	Г	Ь	Р	А	А	С
Ш	Н	О	Д	Г	Ш	К	О	С	П	Х	Р	А	Б	К	І
Є	Л	Р	Х	Є	К	Ь	Г	К	А	П	Г	С	Л	Ш	Б
Л	Н	А	Р	Л	В	Ж	А	Ф	Т	Б	А	А	І	Л	А
Щ	О	З	Н	У	І	Г	М	А	А	В	А	Р	Т	Г	Т
В	І	О	К	Г	Т	А	А	Щ	Т	Я	Р	Ч	К	М	У
Є	Р	Л	У	У	К	Р	К	Д	Е	Р	Е	В	О	А	Т
І	В	К	Ґ	Р	А	А	Є	А	Ґ	А	М	І	В	Ь	Н
Є	Ц	Ж	У	Р	Щ	Ж	А	К	С	Ю	Ф	О	А	К	П
И	Щ	Ж	С	Ґ	У	Х	Ф	Т	Ґ	П	Н	Ю	Т	Є	Х
А	Ш	С	А	Щ	К	Н	К	Ґ	Л	І	Ю	Н	С	Ю	М
І	У	Ш	Щ	Я	Ю	К	Т	Л	А	В	А	У	А	І	К
Д	О	Б	Ч	Ь	Ц	М	Ь	Ф	О	Ч	Ц	Ц	К	Ш	Д

ДЕРЕВО
ГАМАК
КУЩ
ТРАВА
БУР'ЯНІВ
КВІТКА
ФРУКТОВИЙ САД
ГАРАЖ
САД
ЛОПАТА
ЛАВА
ГАЗОН
ГРАБЛІ
ПАРКАН
СТАВОК
ҐРУНТ
ТЕРАСА
БАТУТ
ШЛАНГ
ЛОЗА

35 - Riscaldamento Globale

В	Ч	Е	Н	И	Й	И	Н	Ч	И	Т	К	Р	А	Є	С
І	Ш	Р	Ь	Х	Д	Х	Я	Т	Х	Х	С	І	П	Щ	У
М	И	Р	Ц	М	І	Ж	Н	А	Р	О	Д	Н	И	Й	П
В	К	Щ	Д	С	Я	Р	Н	М	М	Л	Я	Ч	Р	З	О
Д	Я	І	Г	Р	Е	Н	Е	І	В	У	Р	І	О	А	К
А	А	Д	У	Ш	Ю	Л	Л	Л	Ч	Ґ	У	Г	З	К	О
Н	З	А	Р	А	З	Б	Е	К	Ч	Д	Х	О	В	О	Л
І	І	И	К	Д	І	Л	С	А	Н	И	Я	Л	И	Н	І
У	В	А	Г	А	Б	Є	А	Т	У	І	А	О	Т	О	Н
К	Р	И	З	А	Д	К	Н	О	А	Є	Щ	К	О	Д	Н
С	Х	Б	Ґ	Ф	Ю	П	Ь	Т	М	Х	Ц	Е	К	А	Я
У	Н	Б	И	И	Х	Ш	В	Р	У	Ж	Р	Л	А	В	С
В	І	Н	Ш	С	П	С	Ю	Ф	Є	Б	Г	А	З	С	Щ
Т	Е	М	П	Е	Р	А	Т	У	Р	И	Й	Г	Б	Т	І
Т	А	Є	Н	Т	Я	Ц	Ц	Р	Є	А	Г	А	Є	В	Х
П	Р	О	М	И	С	Л	О	В	О	С	Т	І	М	О	А

ЕКОЛОГІЧНІ
АРКТИЧНИЙ
УВАГА
КЛІМАТ
НАСЛІДКИ
КРИЗА
ДАНІ
ЕНЕРГІЯ
МАЙБУТНЄ
ГАЗ
ПОКОЛІННЯ
УРЯД
ПРОМИСЛОВОСТІ
МІЖНАРОДНИЙ
ЗАКОНОДАВСТВО
ЗАРАЗ
НАСЕЛЕННЯ
ВЧЕНИЙ
РОЗВИТОК
ТЕМПЕРАТУРИ

36 - Frutta

А	М	Ш	Р	К	Я	Г	О	Д	А	П	Е	М	Є	Ґ	К
Н	А	Г	Б	И	І	Ц	Ф	Я	Б	Р	А	Г	Ж	П	С
А	Л	Х	П	С	Щ	В	А	Ь	Ц	Д	Е	С	Е	І	В
Н	И	Ф	Ч	Р	М	Т	І	О	Ф	Щ	С	Л	Я	Ф	Ж
А	Н	Г	Я	Е	Г	Г	П	Г	Ж	Й	У	И	Д	Р	И
С	А	Є	В	П	М	Л	Я	Н	Ш	И	В	В	У	К	Ц
В	И	Н	О	Г	Р	А	Д	А	Ж	В	Н	А	Н	Х	А
Б	Є	В	Щ	П	Є	У	Ґ	М	У	Е	О	А	Е	В	В
И	А	А	Б	Р	И	К	О	С	С	Ж	М	Ш	Ф	О	О
М	Г	Н	И	Р	А	Т	К	Е	Н	Н	И	У	К	И	К
Я	Ю	Ч	А	Ґ	Х	Ф	У	Л	Д	А	Л	Р	Р	У	А
О	Щ	К	Я	Н	І	Т	Л	Ж	Т	Р	А	Г	Ш	А	Д
Ш	Г	Ґ	Д	И	Н	Я	Б	У	Ч	О	Д	У	Х	У	О
П	А	П	А	Й	Я	Ю	Я	Е	Ґ	Щ	Ф	Г	Д	Є	Ф
Н	Т	Є	К	К	Я	М	М	А	Ь	И	Ю	Л	Щ	Б	І
П	М	Х	К	І	Ф	Г	Н	У	Щ	Е	Щ	М	К	О	С

АБРИКОС
АНАНАС
ОРАНЖЕВИЙ
АВОКАДО
ЯГОДА
БАНАН
ВИШНЯ
КІВІ
МАЛИНА
ЛИМОН
МАНГО
ЯБЛУКО
ДИНЯ
ОЖИНА
НЕКТАРИН
ПАПАЙЯ
ГРУША
ПЕРСИК
СЛИВА
ВИНОГРАД

37 - Fattoria #2

Ф	Ф	Ї	Ж	А	І	Я	І	Ж	Г	Л	С	Ю	Є	И	В
Г	Е	Р	Ч	Ш	І	Н	Ш	Ґ	А	А	К	Ч	А	К	І
Б	Є	Р	У	Х	Ю	Н	Л	У	Г	М	Б	И	Ґ	Т	В
Я	А	Р	М	К	Щ	Е	Ґ	Х	Л	А	Ф	Ф	І	Р	Ц
К	Р	Р	Е	Е	Т	Ш	Т	Ю	П	Й	М	Д	Т	А	Я
Б	С	Є	Є	Д	Р	О	Ю	Я	С	А	Я	Х	Ь	К	Р
Я	Ч	М	І	Н	Ь	Р	В	Ц	Ц	Р	С	Н	М	Т	І
Щ	П	Щ	Т	Ф	Я	З	Н	И	Р	А	В	Т	Р	О	О
І	О	Ю	С	Ц	Н	М	Ь	Н	Й	С	А	Ю	У	Р	Е
Ґ	Ф	Н	И	Р	С	Ю	Ю	Е	Т	С	В	М	И	Х	Я
Г	У	С	И	Я	Л	П	М	Ш	Х	Ч	А	Я	Т	М	Г
Ь	Л	В	У	Л	И	К	Б	П	Ж	Е	Т	Д	Ц	О	Н
Ф	Р	У	К	Т	К	У	К	У	Р	У	Д	З	А	Л	Я
Ш	Є	Ц	Ґ	Щ	Ф	Х	П	К	Ф	Ч	Ц	І	Д	О	М
С	Ґ	Ш	Я	Ш	Л	Ь	Х	Ц	Е	П	А	Н	Х	К	Н
К	Т	Н	Ш	Я	Х	Ю	В	П	Ф	С	Ю	Л	И	О	Д

ЯГНЯ
ФЕРМЕР
ВУЛИК
КАЧКА
ТВАРИН
ЇЖА
САРАЙ
ФРУКТ
ФРУКТОВИЙ САД
ПШЕНИЦЯ
ЗРОШЕННЯ
ЛАМА
МОЛОКО
КУКУРУДЗА
ГУСИ
ЯЧМІНЬ
ПАСТУХ
ВІВЦЯ
ЛУГ
ТРАКТОР

38 - Verdure

А	Б	Н	В	П	Г	У	Б	С	М	Г	С	И	Д	Е	Р
В	Р	Р	И	Б	М	І	Ф	Е	Д	Р	Ш	А	Н	К	Ж
К	Ґ	Т	О	Ь	С	Т	Г	Л	Ю	И	Ц	Т	Л	А	К
Р	А	С	И	К	Я	І	Ч	Е	Ґ	Б	И	Т	П	А	Р
О	Ц	Є	Д	Ш	О	Л	Ш	Р	О	Д	І	М	О	П	Т
М	И	Щ	К	Щ	О	Л	Ц	А	Ш	П	И	Н	А	Т	О
Ч	Б	П	А	Т	И	К	І	Г	А	Р	Б	У	З	Ч	Л
Ш	У	И	Р	Д	Ґ	Ф	Е	Ж	Ю	Н	Ш	М	Ж	А	А
Н	Л	О	І	Х	Ц	П	Е	Т	Р	У	Ш	К	А	С	Ш
И	Я	Л	П	О	Т	Р	А	К	Ч	Р	Р	О	Ч	Н	Х
Щ	Щ	І	А	Р	И	Е	Л	Ч	Ґ	Г	Л	Р	Ч	И	Т
Ш	Г	А	Ф	О	Ґ	Ф	Є	А	Ш	У	М	І	Ю	К	Ф
Ю	В	Г	Ґ	Г	Д	Є	Д	Р	У	У	Б	Г	Ґ	Г	А
Н	Я	Ф	Ю	И	И	В	Ц	Н	Д	Ф	Ч	О	В	Ц	Е
Б	А	К	Л	А	Ж	А	Н	Ь	Т	О	К	Ю	И	А	П
Д	Г	Н	Ф	Ф	Щ	У	Ж	Ф	Б	Е	У	Г	Є	Щ	Ф

ЧАСНИК
БРОКОЛІ
АРТИШОК
МОРКВА
ОГІРОК
ЦИБУЛЯ
ГРИБ
САЛАТ
БАКЛАЖАН
КАРТОПЛЯ
ГОРОХ
ПОМІДОР
ПЕТРУШКА
РІПА
РЕДИС
ШАЛОТ
СЕЛЕРА
ШПИНАТ
ІМБИР
ГАРБУЗ

39 - Musica

М	К	Т	М	Ц	Л	Ж	Ч	Ґ	Е	І	В	С	Ж	И	Ґ
І	У	Л	П	Я	Ю	Д	Ю	Р	Д	Л	Е	И	Р	Л	Ш
М	П	З	А	Г	А	Р	М	О	Н	І	Й	Н	И	Х	Т
Ь	О	К	И	С	Ю	Б	К	С	Л	Б	Є	Я	Ю	Ь	Х
Ь	Е	Х	І	К	И	Ф	Ю	Р	П	Б	А	Л	А	Д	А
З	Т	Г	Ь	А	А	Ч	Ю	Ф	Я	І	Д	О	Л	Е	М
А	И	А	Д	В	Є	Н	Н	М	Ч	І	В	Т	С	Н	О
П	Ч	Р	Б	І	Р	М	Т	И	Р	Н	В	А	Ш	Е	Б
И	Н	М	О	П	Е	Р	А	Ґ	Й	С	О	Ф	Т	А	Ь
С	И	О	Є	С	Ь	Ґ	У	Є	Ф	Т	К	Ь	В	И	Л
Т	Й	Н	О	Ф	О	Р	К	І	М	Р	А	Б	О	Х	А
К	Т	І	Ю	Ш	В	О	И	Б	А	У	Л	Ь	П	Г	Ю
Д	Є	Я	П	М	В	Х	І	Х	Ж	М	Ь	М	М	Ь	В
Р	И	Т	М	І	Ч	Н	И	Й	Ф	Е	Н	Ю	С	Щ	О
М	У	З	И	Ч	Н	И	Й	М	В	Н	И	Ю	С	П	Є
Л	І	Р	И	Ч	Н	И	Й	Є	Х	Т	Й	Ф	І	Ю	П

АЛЬБОМ
ГАРМОНІЯ
ГАРМОНІЙНИХ
БАЛАДА
СПІВАК
СПІВАТИ
КЛАСИЧНИЙ
ХОР
ЛІРИЧНИЙ
МЕЛОДІЯ

МІКРОФОН
МУЗИЧНИЙ
МУЗИКАНТ
ОПЕРА
ПОЕТИЧНИЙ
ЗАПИС
РИТМІЧНИЙ
РИТМ
ІНСТРУМЕНТ
ВОКАЛЬНИЙ

40 - Barbecue

І	Ж	О	Н	Х	Е	Ц	Д	Б	М	Ш	Г	И	Ц	О	М
Н	Г	Щ	Р	Ь	Н	Е	Г	А	Ж	Е	Є	Р	И	Б	Е
Ч	Я	Р	Ж	П	Ь	О	Ш	Н	М	У	Ю	У	Б	І	О
В	Н	Ґ	И	Т	А	Л	А	С	Р	Б	І	І	У	Д	Т
В	Н	Щ	Щ	К	Н	Л	К	Ц	И	Щ	Н	С	Л	Ч	Д
Г	Е	Т	И	У	И	Г	Р	Д	Ш	Ь	С	Н	Я	Я	У
М	Ш	Ч	Ґ	Р	Д	А	У	С	Ю	И	Ц	М	Щ	Є	Х
К	О	Ш	Е	Ф	О	Ц	К	П	У	Г	И	М	Ч	С	Г
Р	Р	П	М	Р	Р	С	О	У	С	К	Р	А	Н	С	В
Е	П	Е	М	Х	Я	Щ	Ц	Б	Щ	В	О	И	Е	Ч	П
Ш	А	Ж	Г	А	Р	Я	Ч	Е	П	Х	Д	О	Л	О	Г
Я	З	Б	Щ	К	Ж	Ж	О	Ґ	Е	Ф	І	П	Щ	Ь	В
К	Ґ	В	Н	И	У	И	Е	Х	Р	Л	М	І	В	Л	И
Ґ	Е	Н	Є	З	Г	І	І	Д	Е	І	О	Х	Ю	І	Б
Ц	Т	Ш	И	У	Е	Е	Д	Е	Ц	Т	П	И	Ґ	С	Є
Ї	Ж	А	Е	М	С	Б	Е	Р	Ь	О	Б	Т	І	Ч	Х

ГАРЯЧЕ
ВЕЧЕРЯ
ЇЖА
ЦИБУЛЯ
НОЖІ
ЛІТО
ГОЛОД
РОДИНА
ФРУКТ
ІГРИ
ГРИЛЬ
САЛАТИ
ЗАПРОШЕННЯ
МУЗИКА
ПЕРЕЦЬ
КУРКА
ПОМІДОРИ
ОБІД
СІЛЬ
СОУС

41 - Insetti

Ц	Х	Я	Ж	О	Е	Ц	Є	М	Х	Б	Н	Ц	Л	П	Т
С	П	М	Н	Х	С	Ш	Е	Р	Ш	Е	Н	Ь	Ф	О	М
Ф	Є	Ж	Щ	Р	К	А	Н	А	Р	А	С	Ж	Ч	П	Е
Т	К	О	У	А	Б	Я	Б	С	В	Я	Ґ	Ґ	С	Е	Т
Б	О	Г	О	М	О	Л	Д	Х	Р	О	Б	А	К	Л	Е
І	Щ	Ч	С	О	Т	Ц	Ж	М	Б	Е	В	П	У	И	Л
К	О	Н	И	К	Е	И	О	Ж	У	Л	Н	Ґ	Ж	Ц	И
С	С	А	Є	В	Р	К	Л	Х	Я	Р	О	А	Б	Я	К
О	Ґ	Г	Л	О	М	А	А	Р	Ш	Ш	А	Х	І	С	Ж
Н	О	Р	Г	Є	І	Д	Б	Л	П	М	К	Х	А	Ґ	Ф
Е	Ч	А	Щ	У	Т	А	Н	Г	И	К	Б	Ж	А	Д	В
Ч	Т	Т	І	Л	И	Ч	И	Н	К	А	А	Ш	І	Ю	Ґ
К	У	І	Л	Ж	П	Ю	П	К	Ф	Ґ	Б	Г	І	Ґ	Щ
О	Б	Ж	Х	И	Ш	І	К	Ц	Х	Г	Ч	У	Г	І	Г
Ґ	Ц	Ч	Х	Г	Н	Ц	Д	Ц	Ґ	С	Г	И	Н	Ю	Л
Т	Є	І	Я	П	С	Ь	П	У	У	Н	Н	Ш	І	В	М

ПОПЕЛИЦЯ
БДЖОЛА
ШЕРШЕНЬ
КОНИК
ЦИКАДА
СОНЕЧКО
ЖУК
МЕТЕЛИК
МУРАХА
ЛИЧИНКА

БАБКА
САРАНА
БОГОМОЛ
ГНАТ
БЛОХА
ТАРГАН
ТЕРМІТ
ХРОБАК
ОСА
КОМАР

42 - Fisica

Р	Ч	Щ	І	Л	Ь	Н	І	С	Т	Ь	Ш	У	Н	Д	В
І	О	А	Ф	Д	В	И	Г	У	Н	Ф	В	Х	Б	П	І
Ю	Л	З	С	О	Ц	Ч	В	Д	Т	Ж	И	Є	К	М	Д
Ж	С	Ж	Ш	Т	Р	Ь	И	С	М	Ю	Д	Д	Ш	З	Н
Р	А	Р	Т	И	О	М	О	Т	А	Я	К	Е	Ф	И	О
Ґ	К	Б	Є	Ц	Р	Т	У	Б	Ґ	Н	І	Г	Г	Т	С
Ч	І	Х	А	О	С	Е	А	Л	С	Н	С	Б	І	Е	Н
О	Н	Ж	П	Р	А	А	Н	Т	А	Е	Т	А	И	Н	І
Ґ	А	Б	В	Ч	У	І	Х	Н	Є	Р	Ь	Щ	Е	Г	С
Х	Х	І	М	І	Ч	Н	І	С	Я	О	І	В	Р	А	Т
Е	Е	П	Е	К	Г	Р	А	Л	У	К	Е	Л	О	М	Ь
Ф	М	Я	Щ	Щ	А	К	Н	И	Т	С	А	Ч	Ь	У	Х
О	Т	Щ	Щ	Д	З	Ч	С	Д	Й	И	Н	Р	Е	Д	Я
Е	Л	Е	К	Т	Р	О	Н	Ґ	Т	Р	Ш	Ж	Є	Б	Ц
Г	Р	А	В	І	Т	А	Ц	І	Я	П	Х	Ж	Ю	Х	Б
Т	Є	У	Н	І	В	Е	Р	С	А	Л	Ь	Н	И	Й	Л

ПРИСКОРЕННЯ
АТОМ
ХАОС
ХІМІЧНІ
ЩІЛЬНІСТЬ
ЕЛЕКТРОН
РОЗШИРЕННЯ
ФОРМУЛА
ЧАСТОТА
ГАЗ

ГРАВІТАЦІЯ
МАГНЕТИЗМ
МЕХАНІКА
МОЛЕКУЛА
ДВИГУН
ЯДЕРНИЙ
ЧАСТИНКА
ВІДНОСНІСТЬ
УНІВЕРСАЛЬНИЙ
ШВИДКІСТЬ

43 - Agronomia

Х	Т	В	О	И	У	Й	Я	З	С	Ж	С	Ч	Л	В	О
І	В	Ю	О	И	Я	И	Ц	Р	И	Ш	Ґ	С	Д	И	Ц
Ч	П	О	Ґ	Д	Ю	Н	Ц	О	С	Ж	М	Ж	Щ	Р	Ц
Ч	Ш	Е	Р	Б	А	Ч	Ґ	С	Т	Н	У	Р	Ґ	О	Е
Є	П	Б	Е	О	И	І	А	Т	Е	Ф	Е	О	У	Б	К
Г	О	В	П	Я	Б	Н	Р	А	М	И	Ф	В	Я	Н	О
Ї	Ц	Т	І	Ж	В	А	Н	Н	И	Ч	Н	Т	Н	И	Л
Н	Ж	Ц	Е	Ж	Б	Г	А	Н	Я	Ф	М	С	Н	Ц	О
Р	Щ	А	Л	Б	К	Р	С	Я	І	З	О	Р	Е	Т	Г
Д	О	Б	Р	И	В	О	І	Г	Г	Ж	Р	А	Н	В	І
Д	Д	Я	Т	М	Є	Т	Н	Ґ	Р	Ч	А	Д	Д	О	Я
Ґ	Д	Н	І	И	Я	К	Н	Б	Е	П	Ь	О	У	І	Ь
Н	А	У	К	А	Є	У	Я	Є	Н	І	Ь	П	Р	Ш	К
С	Е	Р	Е	Д	О	В	И	Щ	Е	А	Ь	С	Б	Ь	Є
С	І	Л	Ь	С	Ь	К	И	Й	І	Т	Д	О	А	Ч	П
Д	О	С	Л	І	Д	Ж	Е	Н	Н	Я	А	Г	З	К	Щ

ВОДА
ГОСПОДАРСТВО
СЕРЕДОВИЩЕ
ЇЖА
ЗРОСТАННЯ
ЕКОЛОГІЯ
ЕНЕРГІЯ
ЕРОЗІЯ
ДОБРИВО
ЗАБРУДНЕННЯ
ХВОРОБА
ОРГАНІЧНИЙ
ВИРОБНИЦТВО
ДОСЛІДЖЕННЯ
СІЛЬСЬКИЙ
НАУКА
НАСІННЯ
СИСТЕМИ
ҐРУНТ

44 - Erboristeria

К	Р	І	П	Е	С	Т	Р	А	Г	О	Н	Л	А	К	Г
Ч	Х	Т	О	Д	Ф	Ф	Ю	І	Л	И	Ґ	И	Р	У	А
Н	А	Т	Н	Є	І	Д	Е	Р	Г	Н	І	Х	О	Л	Р
Б	Р	С	Ф	Н	А	И	І	Н	Ю	Х	К	Ш	М	І	О
Л	Є	Н	Н	А	Р	Ф	А	Ш	Х	Я	Ю	П	А	Н	Д
Е	Л	Ц	Я	И	І	Ґ	Ю	И	Ю	Е	У	Ґ	Т	А	Е
Ш	Н	В	Ю	К	К	К	М	Я	Т	А	Л	Л	И	Р	Я
Р	И	С	В	Ж	І	Ф	А	Ф	Ч	К	Ю	Ь	Ч	Н	Л
Ь	Р	Щ	Н	М	Є	С	Ч	Я	Е	Т	Л	Л	Н	І	Н
М	А	Й	О	Р	А	Н	Т	Ц	Б	І	А	И	И	М	Я
Г	М	Ч	Н	Р	Щ	Ф	М	Ь	Р	В	В	С	Й	Ю	Ц
Б	З	Д	А	Х	Ч	Ч	Л	О	Е	К	А	А	С	А	Д
Ц	О	У	Г	Ь	Ц	В	У	К	Ц	Ж	Н	В	О	Б	Б
М	Р	Я	Е	А	О	А	С	Щ	Ь	Д	Д	Ш	В	Ф	У
Я	Р	У	Р	З	Е	Л	Е	Н	И	Й	А	К	Н	Я	К
Л	М	Т	О	П	Е	Т	Р	У	Ш	К	А	К	Е	М	І

ЧАСНИК
КРІП
АРОМАТИЧНИЙ
ВАСИЛЬ
КУЛІНАРНІ
ЕСТРАГОН
ФЕНХЕЛЬ
КВІТКА
САД
ІНГРЕДІЄНТ
ЛАВАНДА
МАЙОРАН
М'ЯТА
ОРЕГАНО
ПЕТРУШКА
ЯКІСТЬ
РОЗМАРИН
ЧЕБРЕЦЬ
ЗЕЛЕНИЙ
ШАФРАН

45 - Danza

Е	Є	І	О	И	Е	І	Ф	Я	А	К	Р	У	К	Ш	Ю
Р	Й	Е	Т	В	Ь	У	Х	О	П	Ґ	Н	Ш	П	Ч	К
Е	И	Є	Т	Р	Т	Р	А	Д	И	Ц	І	Й	Н	И	Й
Н	Н	Т	Л	У	А	Ц	М	И	Ч	М	Ж	И	Т	Г	Е
Т	З	Д	М	Х	Д	П	Е	Ю	И	Ш	Е	Н	Р	Е	Х
Р	А	Х	Щ	К	О	Л	І	Т	Н	І	П	Р	И	Р	Р
А	Р	М	У	М	Г	Ь	А	Ф	С	Х	Х	У	П	Щ	А
П	И	Є	А	В	А	Т	С	О	П	И	Є	Т	Є	Ч	Д
М	В	Ц	Ж	Є	Л	Ш	Р	Х	Ч	К	М	Ь	Х	С	І
У	Я	Ґ	Р	Щ	Б	Щ	А	Р	У	Т	Ь	Л	У	К	С
З	Е	Є	А	К	А	Д	Е	М	І	Я	К	У	Н	Т	Н
И	Є	М	Р	Е	П	Е	Т	И	Ц	І	Я	К	И	Ц	И
К	І	Ь	О	К	Л	А	С	И	Ч	Н	И	Й	И	Б	Й
А	Ж	У	Е	Ц	Х	О	Р	Е	О	Г	Р	А	Ф	І	Я
П	И	Г	Є	Д	І	В	І	З	У	А	Л	Ь	Н	И	Й
Р	П	К	М	Є	Ш	Я	В	І	Х	Ь	І	Ц	М	Є	Ж

АКАДЕМІЯ
МИСТЕЦТВО
КЛАСИЧНИЙ
ПАРТНЕР
ХОРЕОГРАФІЯ
ТІЛО
КУЛЬТУРА
КУЛЬТУРНИЙ
ЕМОЦІЯ
ВИРАЗНИЙ
РАДІСНИЙ
БЛАГОДАТЬ
РУХ
МУЗИКА
ПОСТАВА
РЕПЕТИЦІЯ
РИТМ
ТРАДИЦІЙНИЙ
ВІЗУАЛЬНИЙ

46 - Biologia

Ф	Ь	Н	Ж	Ю	В	Д	Я	П	А	Б	Р	Ь	Л	Б	К
Х	И	Ш	К	К	Х	Ч	І	Б	Ґ	І	А	Щ	Б	Ш	О
Н	Ь	М	Щ	Т	Ж	О	Л	И	Є	Л	В	Ш	Г	І	Л
Л	Г	Ч	Л	Н	Є	Й	И	Н	Д	О	Р	И	Р	П	А
С	С	А	В	Е	Ц	Ь	Т	О	О	К	Е	Ч	Х	М	Г
О	П	К	Д	М	Я	Р	П	Р	Н	М	Н	Б	К	К	Е
М	А	Р	Х	Р	А	Щ	Е	Й	Ч	В	Р	С	К	Я	Н
С	Н	І	А	Е	Х	І	Р	Е	И	И	И	О	Б	В	Ь
О	И	М	Ь	Ф	В	Ь	Ж	Н	І	Ш	Ш	Н	Г	В	Б
И	С	О	Б	У	Ґ	Ю	З	О	І	Б	М	И	С	В	Б
Ю	І	К	Щ	Х	Ф	Ч	Я	І	Ц	Ю	Л	О	В	Е	Ч
Б	А	К	Т	Е	Р	І	Ї	Р	М	У	Т	А	Ц	І	Я
Е	Е	К	Х	Т	К	Ч	Р	Б	Г	К	І	Щ	Л	Г	Ч
Ч	К	В	Д	В	У	Ц	А	М	О	С	О	М	О	Р	Х
А	Н	А	Т	О	М	І	Я	Е	Ю	Х	Е	Ж	Щ	Ф	И
Ф	О	Т	О	С	И	Н	Т	Е	З	У	Е	П	Ч	Е	Б

АНАТОМІЯ
БАКТЕРІЇ
КОМІРКА
КОЛАГЕН
ХРОМОСОМА
ЕМБРІОН
ФЕРМЕНТ
ЕВОЛЮЦІЯ
ФОТОСИНТЕЗ
ССАВЕЦЬ
МУТАЦІЯ
ПРИРОДНИЙ
НЕРВ
НЕЙРОН
ГОРМОН
ОСМОС
БІЛОК
РЕПТИЛІЯ
СИМБІОЗ
СИНАПС

47 - Attività Commerciale

Б	Щ	В	Ч	С	О	В	Ч	В	М	Ц	В	Х	Ф	Б	Г
К	Н	О	А	Е	Х	В	А	К	И	Р	Б	А	Ф	О	Р
О	А	С	Т	К	П	Ш	Н	Л	Д	М	Ч	Ь	Ц	К	О
Т	Т	Р	Ф	К	Х	О	Ф	Є	Ю	П	В	Ц	К	И	Ш
У	Р	Ю	Є	Ь	Х	Ї	І	Ц	И	Т	С	Е	В	Н	І
Б	А	Д	С	Р	Ь	Т	С	І	Т	Р	А	В	М	В	П
И	Н	Б	О	Ь	А	Л	У	Ь	Ж	Ґ	Ц	А	А	І	Р
Р	З	Ю	В	Х	Я	Р	Т	В	П	У	М	Д	Г	Ц	О
П	А	Д	Г	С	І	Ф	О	Ц	Р	Ф	Е	О	А	А	Д
Ц	К	Ж	Ґ	Х	Н	Д	В	И	Є	Ґ	П	Т	З	Р	А
Ш	Ц	Е	Л	Ш	А	Б	А	Є	Р	М	Д	О	И	П	Ж
Ь	І	Т	Є	Б	П	А	Р	Х	Р	Ч	Д	Б	Н	Ь	Ч
С	Я	С	І	Б	М	З	Н	И	Ж	К	А	О	Щ	Л	Х
Щ	Х	Е	С	К	О	Щ	Н	У	Ю	С	Ж	Р	Ч	І	И
Н	І	У	Н	Ц	К	Ф	І	Н	А	Н	С	И	Щ	Щ	Є
Х	Е	К	О	Н	О	М	І	К	А	У	Ґ	Ш	У	У	Ю

БЮДЖЕТ
КАР'ЄР
ВАРТІСТЬ
РОБОТОДАВЕЦЬ
ПРАЦІВНИК
ЕКОНОМІКА
ФАБРИКА
ФІНАНСИ
ІНВЕСТИЦІЇ
ТОВАР
МАГАЗИН
ПРИБУТОК
ДОХІД
ЗНИЖКА
КОМПАНІЯ
ГРОШІ
ТРАНЗАКЦІЯ
ОФІС
ВАЛЮТА
ПРОДАЖ

48 - Fiori

К	П	Я	Е	Н	У	Ч	А	Л	У	Д	Н	Е	Л	А	К
О	Т	Е	К	У	Б	Д	Р	Н	А	П	Ь	Л	Ю	Т	У
Н	М	Д	Л	Ч	Е	І	Є	Ж	Д	В	Т	Я	И	Е	Л
Ю	Р	І	Ч	Ю	Ч	И	П	Ґ	Н	Р	А	І	Є	Ч	Ь
Ш	Т	Х	Ш	У	С	Є	Р	І	Я	О	Ч	Н	Я	А	Б
И	Н	Р	І	Ш	Ж	Т	В	Ґ	О	М	К	Е	Д	М	А
Н	Б	О	Х	Н	Р	А	К	О	Р	А	П	Д	Ґ	А	Б
А	А	О	Ч	Ч	Я	А	С	А	Т	Ш	П	Р	Ц	Л	А
Г	І	Б	І	С	К	У	С	М	П	К	І	А	П	І	П
Б	У	З	О	К	М	Р	Л	К	И	А	В	Г	И	Л	Ж
Ф	А	Щ	Р	Ш	К	И	Н	Ш	Я	Н	О	С	М	І	Н
М	А	Г	Н	О	Л	І	Я	Ж	В	А	Н	И	А	Я	Р
Ґ	И	Ч	А	Н	Ж	Ш	Т	К	О	Т	І	Ю	К	Б	Ґ
Ф	Ш	К	К	Ц	Н	І	Д	Щ	Г	Щ	Я	В	Щ	Е	Е
Ю	Н	Е	Ц	Д	Ц	Х	П	Л	Ю	М	Е	Р	І	Я	Б
Є	Ь	Б	Г	І	Т	Т	Ц	Ю	П	А	Є	А	Б	М	Ґ

КАЛЕНДУЛА
КУЛЬБАБА
ГАРДЕНІЯ
ЖАСМИН
ЛІЛІЯ
СОНЯШНИК
ГІБІСКУС
ЛАВАНДА
БУЗОК
МАГНОЛІЯ
РОМАШКА
БУКЕТ
ОРХІДЕЯ
МАК
ПІВОНІЯ
ПЕЛЮСТКА
ПЛЮМЕРІЯ
ТРОЯНДА
КОНЮШИНА
ТЮЛЬПАН

49 - Filantropia

Ф	Ч	М	О	Г	О	Ь	Ф	Ц	Є	Т	Г	Б	Х	К	К
Я	О	О	Г	Р	І	Т	І	Л	В	Ц	Л	Л	Ґ	В	Д
Т	В	Л	Е	О	Л	С	Н	Д	Ж	Е	О	А	К	Ю	Ю
И	Т	О	М	М	Ж	І	А	Ш	И	Щ	Б	Г	У	Г	Г
М	С	Д	С	А	Б	Н	Н	Ж	В	Д	А	О	І	Г	Ш
Е	Д	Ь	Л	Д	Б	С	С	К	А	А	Л	Д	Н	Р	Ж
Л	Ю	Д	И	С	Ь	Е	И	О	Ц	С	Ь	І	В	О	Я
Б	Л	А	П	Ь	Ю	Ч	Р	Ш	В	Ф	Н	Й	Ю	М	П
О	К	Т	У	К	Н	А	Ц	Т	Г	О	И	Н	Ц	А	Р
Р	Р	М	Р	И	Ш	С	К	И	О	П	Й	І	Ю	Д	О
П	П	Т	Г	Й	Т	Р	Є	Г	Х	П	Л	С	Ц	А	Г
Д	І	Т	И	Т	К	А	Т	Н	О	К	Ж	Т	І	О	Р
Щ	Е	Д	Р	І	С	Т	Ь	Х	В	Д	А	Ь	Л	А	А
Щ	Ф	О	А	Е	В	А	Ц	И	Т	Ц	Ґ	Д	І	Х	М
Н	Є	С	Ч	Ж	У	С	Ц	С	Ж	Е	Р	Ь	К	Ж	И
І	С	Т	О	Р	І	Я	І	С	І	М	В	Ф	Б	Д	Ґ

ДІТИ
ПОТРЕБА
БЛАГОДІЙНІСТЬ
ГРОМАДА
КОНТАКТИ
ФІНАНСИ
КОШТИ
ЩЕДРІСТЬ
МОЛОДЬ
ГЛОБАЛЬНИЙ
ГРУПИ
МІСІЯ
ЦІЛІ
ЧЕСНІСТЬ
ЛЮДИ
ПРОГРАМИ
ГРОМАДСЬКИЙ
ПРОБЛЕМИ
ІСТОРІЯ
ЛЮДСТВО

50 - Discipline Scientifiche

А	С	Т	Р	О	Н	О	М	І	Я	С	Б	Б	Г	І	Ь
З	О	О	Л	О	Г	І	Я	Б	Т	О	І	І	Ф	М	Б
Н	Ґ	І	Є	Л	В	М	М	І	Ш	Ц	О	О	А	У	Г
Я	М	А	К	І	Н	А	Т	О	Б	І	Л	Х	Н	Н	Е
І	Ь	К	В	А	Ж	Р	Д	Ю	Є	О	О	І	Е	О	О
Г	Я	І	М	О	Т	А	Н	А	Ф	Л	Г	М	В	Л	Л
О	А	М	Ш	Ф	К	Я	И	Д	В	О	І	І	Р	О	О
Л	А	А	К	І	Н	А	Х	Е	М	Г	Я	Я	О	Г	Г
О	В	Н	Х	Г	О	О	Д	Д	Х	І	Х	О	Л	І	І
Р	С	И	Д	Ю	Ю	Ф	Ч	Н	М	Я	Є	И	О	Я	Я
О	Ш	Д	П	С	И	Х	О	Л	О	Г	І	Я	Г	И	А
Е	К	О	Л	О	Г	І	Я	І	М	І	Х	Ж	І	Ф	Ш
Т	К	М	А	Р	Х	Е	О	Л	О	Г	І	Я	Я	К	В
Е	І	Р	Л	І	Н	Г	В	І	С	Т	И	К	А	Я	Е
М	У	Е	М	І	Н	Е	Р	А	Л	О	Г	І	Я	Б	І
О	Щ	Т	Ф	І	З	І	О	Л	О	Г	І	Я	Ц	І	А

АНАТОМІЯ
АРХЕОЛОГІЯ
АСТРОНОМІЯ
БІОХІМІЯ
БІОЛОГІЯ
БОТАНІКА
ХІМІЯ
ЕКОЛОГІЯ
ФІЗІОЛОГІЯ
ГЕОЛОГІЯ
ІМУНОЛОГІЯ
ЛІНГВІСТИКА
МЕХАНІКА
МЕТЕОРОЛОГІЯ
МІНЕРАЛОГІЯ
НЕВРОЛОГІЯ
ПСИХОЛОГІЯ
СОЦІОЛОГІЯ
ТЕРМОДИНАМІКА
ЗООЛОГІЯ

51 - Scienza

О	М	Е	Т	О	Д	В	В	Ч	Є	Ф	Ф	И	І	Ь	О
А	Р	В	Ч	Е	Н	И	Й	Ш	Ж	І	Н	А	Р	М	П
Ч	Щ	Г	Ь	Ж	Ф	С	І	Б	П	З	А	Я	К	Є	Х
Я	І	Ц	А	Т	І	В	А	Р	Г	И	Ш	Н	Р	Т	І
І	К	Ц	Д	Н	Я	И	Е	Б	Ц	К	Я	Н	О	Л	М
Ц	В	Ґ	О	Е	І	Е	Ґ	Ф	Щ	А	Г	Е	Е	М	І
Ю	Р	Т	Р	М	Р	З	Б	Щ	Ф	Є	І	Ж	Ф	Н	Ч
Л	Б	Я	И	И	О	Г	М	Г	Й	В	М	Е	Ш	М	Н
О	Щ	Ь	Р	Р	Т	Ч	О	И	И	О	Є	Р	Т	Г	І
В	Ф	У	П	Е	А	А	Т	К	Н	Н	Б	Е	Ф	І	Р
Е	Я	Ь	Я	П	Р	С	А	Л	П	Р	Р	Т	Ж	П	Е
Д	У	О	Т	С	О	Т	Ф	Е	О	А	Ц	С	У	О	С
М	А	Щ	К	К	Б	И	Л	У	К	Е	Л	О	М	Т	Р
Д	Т	Н	Ю	Е	А	Н	Ю	Ц	И	Ґ	Ч	П	Т	Е	Ц
Ю	А	Ґ	І	Ю	Л	К	А	Є	В	Е	К	С	Н	З	Є
К	Л	І	М	А	Т	И	Л	А	Р	Е	Н	І	М	А	Ч

АТОМ
ХІМІЧНІ
КЛІМАТ
ДАНІ
ЕКСПЕРИМЕНТ
ЕВОЛЮЦІЯ
ФАКТ
ФІЗИКА
ВИКОПНИЙ
ГРАВІТАЦІЯ
ГІПОТЕЗА
ЛАБОРАТОРІЯ
МЕТОД
МІНЕРАЛИ
МОЛЕКУЛИ
ПРИРОДА
ОРГАНІЗМ
СПОСТЕРЕЖЕННЯ
ЧАСТИНКИ
ВЧЕНИЙ

52 - Imbarcazioni

Ж	Ц	А	Н	М	О	Р	С	Ь	К	І	Л	И	В	Х	П
Ф	Ф	К	С	О	Р	Г	Ь	С	И	О	Г	Е	У	Ж	Е
Б	Ґ	Б	Ґ	Р	Е	Р	О	М	Н	К	К	Я	С	Д	Р
І	О	А	Ж	О	З	Ц	Х	А	Ь	А	Я	Е	Л	С	А
М	К	Ф	П	П	О	В	Р	І	Л	Т	А	Е	А	Ж	Є
Щ	О	Г	Л	А	Я	Ь	І	У	И	Я	К	К	К	Н	Є
Р	Є	Б	Г	К	Ь	Щ	Ю	Н	Р	Ф	М	І	З	Ж	Е
У	Щ	Н	Ц	П	Ґ	Е	С	С	Т	І	Л	П	У	Е	Х
І	Щ	Ь	Ц	Щ	Р	Р	Ь	Р	І	Щ	І	А	Т	Х	Я
И	Ц	Ф	С	Н	Е	І	Н	Х	В	Л	Ь	Ж	О	Щ	Ь
Щ	Є	В	В	У	Н	Ю	У	Т	О	М	Е	Ю	М	П	Е
Д	Г	Ф	У	М	Й	У	Б	Н	Р	М	О	В	Г	Ш	У
Н	Ф	Ґ	Ь	Д	Р	У	Г	Є	Ґ	Ґ	Н	Р	Б	І	Ф
Ф	Г	Ш	Т	Ч	Щ	Ф	Г	И	Ж	Н	А	Є	Я	Т	А
Ц	Щ	У	П	Р	И	П	Л	И	В	Я	К	І	Р	К	Б
Ц	И	Т	Щ	А	Щ	Ф	И	С	Ь	Д	Р	І	Ч	К	А

ЩОГЛА
ЯКІР
ВІТРИЛЬНИК
БУЙ
КАНОЕ
МОТУЗКА
ЕКІПАЖ
РІЧКА
КАЯК
ОЗЕРО
МОРЕ
ПРИПЛИВ
МОРЯК
ДВИГУН
МОРСЬКІ
ОКЕАН
ХВИЛІ
ПОРОМ
ЯХТА
ПЛІТ

53 - Chimica

В	Е	Д	Л	И	Ц	Є	Я	М	С	Щ	С	В	П	Х	А
Е	У	Ф	А	Ц	Р	С	Л	П	Ь	И	У	К	Х	У	Н
Л	Г	Г	Д	В	Н	Н	Ц	Д	И	А	Ь	Є	Л	О	Л
Е	Р	С	Л	Ь	Я	Ч	Т	Є	Й	И	Н	М	О	Т	А
К	Л	Ч	И	Е	А	Х	Г	Ч	П	Н	Е	Я	Р	Н	Н
Т	У	Є	Ж	И	Ц	О	Л	П	Е	Т	Д	Д	Х	Е	И
Р	Ж	Т	С	Ж	Щ	Ь	Р	Н	Е	І	О	Е	Р	М	Д
О	Н	Ж	Ч	Щ	К	Л	Н	Г	И	Ж	В	Р	Е	Р	І
Н	И	Ю	Є	Т	Я	І	О	Е	А	У	А	Н	М	Е	Р
Є	Й	В	Щ	Ь	С	С	І	М	С	Н	Ч	И	Е	Ф	Л
Ш	Щ	Я	М	Є	И	К	Щ	Ю	Ф	И	І	Й	Ф	І	Ґ
О	Р	О	Т	А	З	І	Л	А	Т	А	К	Ч	Н	Е	Ц
А	О	К	В	Ф	А	Г	А	В	Ч	М	Є	Е	Н	Т	Ґ
І	Я	У	В	И	Г	У	К	М	Р	Ц	Г	С	В	И	Е
К	И	С	Л	О	Т	А	Л	У	К	Е	Л	О	М	Е	Й
Щ	У	К	Є	Т	Е	М	П	Е	Р	А	Т	У	Р	А	І

КИСЛОТА
ЛУЖНИЙ
АТОМНИЙ
ТЕПЛО
ВУГЛЕЦЬ
КАТАЛІЗАТОР
ХЛОР
ЕЛЕКТРОН
ФЕРМЕНТ
ГАЗ
ВОДЕНЬ
ІОН
РІДИНА
МОЛЕКУЛА
ЯДЕРНИЙ
ОРГАНІЧНИЙ
КИСЕНЬ
ВАГА
СІЛЬ
ТЕМПЕРАТУРА

54 - Strumenti Musicali

Ю	И	К	Л	І	М	О	Г	Н	О	Г	Ф	А	У	Д	Т
Х	Ь	Л	И	Х	М	Т	Ґ	А	Ж	Р	А	Ф	Р	А	Р
Е	Ц	А	К	І	Н	О	М	Р	А	Г	Г	О	Д	Б	У
Ц	І	Р	Ф	Л	Е	Й	Т	А	Щ	Й	О	Б	О	Г	Б
І	Ж	Н	Б	У	Б	О	Н	Ф	Ж	Т	Т	Р	Е	Є	А
Ц	І	Е	Ф	О	Р	Т	Е	П	І	А	Н	О	К	Л	Х
Д	Є	Т	У	Д	А	Р	Ж	Б	Т	І	Ґ	Ш	Ґ	Щ	У
Б	И	А	О	Б	О	Ч	Ґ	Ч	Я	Р	Х	Ф	Г	Х	С
С	А	Щ	Є	Л	Ц	С	А	Н	І	Л	О	Д	Н	А	М
А	Р	Н	У	Є	Н	К	Ф	Б	Е	Б	У	М	А	Г	Ц
К	Ц	М	Д	Ґ	Я	Р	Ь	Т	Г	О	Г	Х	Б	У	Л
С	Ц	Т	Н	Ж	Т	И	Я	Б	І	Ш	І	В	А	О	Л
О	Х	Ь	Ц	Т	О	П	Ф	М	Ш	І	Т	К	Р	Д	Н
Ф	Я	Б	К	И	А	К	Ч	М	Ш	Ґ	А	И	А	К	К
О	Ч	Е	Н	Ш	Ґ	А	И	А	У	И	Р	І	Б	Ф	Г
Н	В	І	О	Л	О	Н	Ч	Е	Л	Ь	А	В	С	Р	Х

ГАРМОНІКА
АРФА
ГОМІЛКИ
БАНДЖО
ГІТАРА
КЛАРНЕТ
ФАГОТ
ФЛЕЙТА
ГОНГ
МАНДОЛІНА
ГОБОЙ
УДАР
ФОРТЕПІАНО
САКСОФОН
БУБОН
БАРАБАН
ТРУБА
ТРОМБОН
СКРИПКА
ВІОЛОНЧЕЛЬ

55 - Professioni #2

Б	Ю	Е	У	Б	Н	К	І	Ф	Е	У	И	Д	Ф	Ю	С
О	Ґ	К	П	В	Ш	И	Н	Щ	І	Я	У	О	Д	Ю	Л
С	Т	Л	Т	Ґ	Ж	Н	Ж	Г	А	Л	М	У	Ш	Щ	І
Х	С	Ю	П	Н	І	Д	Е	Ь	Ф	Б	О	І	Щ	С	Д
Л	І	Б	Е	Ц	Є	І	Н	П	Ч	І	И	С	Г	Ш	Ч
А	Л	Р	А	К	І	Л	Е	І	Ґ	У	Р	І	О	И	И
Х	А	А	У	Р	Щ	С	Р	Л	Ь	Е	А	Л	Л	Ф	Й
У	Н	Ф	А	Р	Г	О	Т	О	Ф	Л	К	Ю	О	Х	Л
Д	Р	И	Р	Д	Г	Д	Є	Т	Д	Ц	Е	С	О	Д	А
О	У	О	Ч	Л	І	Н	Г	В	І	С	Т	Т	З	Е	Ь
Ж	Ж	А	С	Т	Р	О	Н	А	В	Т	О	Р	И	Б	І
Н	С	Т	О	М	А	Т	О	Л	О	Г	І	А	Ц	Ч	Я
И	С	А	Д	І	В	Н	И	К	И	Є	Л	Т	Р	Щ	В
К	Б	І	О	Л	О	Г	Б	Г	Ф	Д	Б	О	Н	Ґ	Д
В	И	Н	А	Х	І	Д	Н	И	К	Ч	І	Р	Ш	О	Н
Р	Ю	Є	Г	Ф	Л	В	К	Ґ	Ж	М	Б	Р	Ю	П	М

АСТРОНАВТ
БІБЛІОТЕКАР
БІОЛОГ
ХІРУРГ
СТОМАТОЛОГ
ФІЛОСОФ
ФОТОГРАФ
САДІВНИК
ЖУРНАЛІСТ
ІЛЮСТРАТОР
ІНЖЕНЕР
ВЧИТЕЛЬ
ВИНАХІДНИК
СЛІДЧИЙ
ЛІНГВІСТ
ЛІКАР
ПІЛОТ
ХУДОЖНИК
ДОСЛІДНИК
ЗООЛОГ

56 - Letteratura

Ш	Ч	Щ	Щ	Ж	Є	И	П	П	Ж	Ь	М	Ж	Ю	Ч	Т
И	Е	А	Н	Е	К	Д	О	Т	А	В	Н	Є	Є	С	Р
Х	Щ	М	Ш	Д	И	Д	Я	Ф	Н	М	Н	Л	И	Г	А
Ю	К	И	Р	И	Т	М	Щ	П	Р	Ф	Е	Д	Ь	М	Г
У	Ш	Р	І	В	И	У	П	О	А	М	В	Т	А	Р	Е
В	У	Е	Р	Я	А	А	Ч	Е	Х	Т	Щ	М	Ж	А	Д
И	Б	О	П	И	С	Р	О	Т	В	А	К	М	У	Д	І
С	С	І	Ч	А	Ґ	И	О	И	И	Н	О	І	И	С	Я
Н	Ш	Ь	Б	С	В	Ж	И	Ч	В	А	І	С	Х	Ш	Р
О	Щ	К	З	А	Я	И	Я	Н	Ч	Л	А	Т	Т	Щ	А
В	Е	Ш	Ж	І	В	Щ	Ч	И	Н	О	У	И	Г	И	К
О	Ф	В	К	Д	Л	Е	Р	Й	М	Г	О	Л	А	І	Д
К	Ч	Ц	Я	І	Ф	А	Р	Г	О	І	Б	Ь	П	П	М
П	О	Р	І	В	Н	Я	Н	Н	Я	Я	Р	О	М	А	Н
Ц	У	І	Ц	Ґ	И	С	Я	А	Р	О	Ф	А	Т	Е	М
Ґ	У	В	Т	И	Ф	Т	Б	Ч	Ж	Л	Т	Є	В	А	Ч

АНАЛІЗ
АНАЛОГІЯ
АНЕКДОТ
АВТОР
БІОГРАФІЯ
ВИСНОВОК
ПОРІВНЯННЯ
ОПИС
ДІАЛОГ
ЖАНР
МЕТАФОРА
ДУМКА
ВІРШ
ПОЕТИЧНИЙ
РИМА
РИТМ
РОМАН
СТИЛЬ
ТЕМА
ТРАГЕДІЯ

57 - Cibo #2

Ц	Р	С	Ж	В	Ґ	Р	Щ	И	Ш	Ш	Ф	Л	Ш	М	Є
Є	Б	Б	И	Ж	Г	И	Ґ	Т	Ц	И	Ю	Ь	Ґ	Ю	Р
П	Ц	Ц	У	Р	Ч	С	Ц	Ж	А	Ґ	Н	Р	Ч	П	А
С	Р	О	Д	І	М	О	П	Х	Л	І	Б	К	Д	Ш	Я
Ш	О	К	О	Л	А	Д	Р	Є	Ю	В	Р	Ч	А	С	Ш
Б	Л	У	С	Д	Н	Є	Т	Г	С	І	Ю	К	К	Ж	Ж
С	Е	Л	Е	Р	А	Ц	Р	Р	И	К	Д	Ь	Р	Я	К
Ь	Р	Б	Р	Щ	Ж	Р	У	И	Л	Ю	А	Є	У	Ю	С
Ч	Ш	Я	Ш	Я	А	Д	Г	Б	Я	Й	Ц	Е	К	В	Д
Б	А	Н	А	Н	Л	И	О	О	Е	Х	Ь	У	Е	И	Ґ
Т	С	Ь	Є	Ц	К	Щ	Й	Ш	Н	Д	Ц	Д	Н	Ш	Ю
К	Д	Ж	Я	Щ	А	Р	И	Б	А	И	Л	Н	А	Н	У
Г	І	Б	Ч	Ж	Б	Ц	Ґ	У	Е	Є	В	И	Х	Я	А
С	П	Ш	Е	Н	И	Ц	Я	Б	Р	О	К	О	Л	І	У
Ґ	Ч	Щ	Ґ	Я	С	К	Ш	Ц	Е	У	Ґ	Ш	С	Є	І
И	Ч	Т	Ч	Ь	И	Л	В	Г	У	Е	С	Я	О	Ж	Ф

БАНАН
БРОКОЛІ
ВИШНЯ
ШОКОЛАД
СИР
ГРИБ
ПШЕНИЦЯ
КІВІ
ЯБЛУКО
БАКЛАЖАН

ХЛІБ
РИБА
КУРКА
ПОМІДОР
ШИНКА
РИС
СЕЛЕРА
ЯЙЦЕ
ВИНОГРАД
ЙОГУРТ

58 - Nutrizione

О	Й	И	Н	А	В	О	С	Н	А	Л	А	Б	З	И	Л
Ч	О	Р	І	Р	В	Р	Е	Ф	Ф	І	Щ	Р	Е	Ґ	М
Б	Ц	Щ	М	И	А	П	І	Л	Т	И	Ь	О	И	Т	Н
Ч	Б	Я	А	Ц	Г	Ж	О	Щ	Е	Ф	Б	Д	К	И	Д
Е	Ч	Х	Т	Ч	А	У	И	Ж	Й	Д	Г	І	Г	К	Г
Ч	В	Х	І	Ж	П	А	Е	Б	И	Ш	Я	Н	Н	Т	О
У	І	Ш	В	К	Я	Т	Н	Б	К	В	Ґ	Н	Д	Н	Ф
З	Д	О	Р	О	В	И	Й	І	Р	К	Н	Я	Щ	Щ	С
Ї	О	Т	Т	Т	О	Т	Г	Л	І	И	Н	И	Д	І	Р
І	В	Х	Б	О	Р	Е	Ц	К	Г	Ч	Ю	И	Й	Ь	К
Ц	Е	Ш	Ґ	К	О	П	Ь	И	Д	І	Є	Т	А	И	Ч
Е	Л	Р	Ґ	С	Д	А	Т	Р	А	В	Л	Е	Н	Н	Я
П	Г	Б	Р	И	З	Ч	С	Ї	С	Т	І	В	Н	И	Й
С	У	О	С	Н	І	Н	І	К	А	Л	О	Р	І	Й	Л
Ь	В	Г	П	Д	Г	С	К	А	Л	Х	Є	В	Ь	Т	Є
Ю	Я	Б	М	А	Я	Б	Я	Г	Б	Н	Р	Н	У	Ч	Ш

ГІРКИЙ
АПЕТИТ
ЗБАЛАНСОВАНИЙ
КАЛОРІЙ
ВУГЛЕВОДІВ
ЇСТІВНИЙ
ДІЄТА
ТРАВЛЕННЯ
БРОДІННЯ
РІДИНИ

ПОЖИВНИЙ
ВАГА
БІЛКИ
ЯКІСТЬ
СОУС
ЗДОРОВ'Я
ЗДОРОВИЙ
СПЕЦІЇ
ТОКСИН
ВІТАМІН

59 - Matematica

Ш	І	М	Ц	О	И	А	А	Ж	С	І	Ь	С	Б	К	Р
А	Е	Ф	А	К	И	Н	З	А	К	О	П	Ь	А	У	І
Б	Р	И	А	Р	Е	Ф	С	У	Ж	Р	Р	Е	Г	Т	В
Л	А	И	Т	У	Г	Е	О	М	Е	Т	Р	І	Я	И	Н
Д	Щ	Г	Ф	Г	І	О	С	У	М	А	Н	Р	С	Ф	Я
Д	О	Ю	А	М	П	Ч	Л	О	А	Ш	Ь	А	Б	Ґ	Н
І	Л	Ш	Н	Т	Е	Х	Ш	Е	І	О	Ь	Д	О	С	Н
А	П	Ц	Ю	О	О	Т	Ґ	Е	Л	Х	Ч	І	Г	И	Я
М	К	И	Н	Т	У	К	И	Р	Т	А	М	У	Ь	М	П
Е	Ц	Г	П	Щ	К	Ц	У	К	Г	Е	Р	С	Я	Е	Е
Т	Р	Ш	М	О	Я	О	О	Т	А	Ь	Ч	А	П	Т	Р
Р	Х	С	П	Х	Ь	О	Ц	П	Н	Я	Х	Щ	П	Р	И
Д	Е	С	Я	Т	К	О	В	И	Й	И	Щ	Ґ	Р	І	М
П	А	Р	А	Л	Е	Л	Ь	Н	И	Й	К	Р	Ґ	Я	Е
П	Р	Я	М	О	К	У	Т	Н	И	К	Т	Ф	І	П	Т
В	Р	М	Ґ	Ь	А	Ь	Ь	И	М	Ш	Ш	Д	І	А	Р

КУТИ
АРИФМЕТИКА
ОКРУГ
ДЕСЯТКОВИЙ
ДІАМЕТР
РІВНЯННЯ
ПОКАЗНИК
ГЕОМЕТРІЯ
ПАРАЛЕЛЬНИЙ
ПАРАЛЕЛОГРАМ
ПЕРИМЕТР
БАГАТОКУТНИК
ПЛОЩА
РАДІУС
ПРЯМОКУТНИК
СФЕРА
СИМЕТРІЯ
СУМА
ТРИКУТНИК
ОБСЯГ

60 - Meditazione

П	М	Щ	А	В	А	Т	С	О	П	Щ	Р	Т	Т	М	П
Я	Р	Д	У	М	К	И	П	И	Щ	А	У	Е	Є	В	Е
А	Й	И	Н	Й	І	К	О	П	С	І	Х	Є	М	В	Р
Я	М	О	Р	А	М	Р	С	Л	Л	Ш	Д	І	Б	О	С
Т	С	У	Ь	О	Л	А	Т	О	Р	Б	О	Д	Ц	А	П
Т	М	Н	Ї	Е	Д	Г	Е	Е	Й	Х	Т	П	М	Ґ	Е
У	Т	Є	І	Ч	Г	А	Р	Д	И	Х	А	Н	Н	Я	К
Ч	Ж	Х	Ц	С	Я	В	Е	Є	В	І	Ш	Щ	Б	Р	Т
В	Е	Д	О	Ц	Т	У	Ж	П	О	Д	Я	К	А	О	И
І	Ч	Л	М	И	Т	Ь	Е	М	М	І	Ґ	Е	К	З	В
П	Ф	Ь	Е	Ч	Я	Ь	Н	Ґ	У	У	Б	І	И	У	А
С	Ч	Я	С	Л	Н	П	Н	С	З	С	Е	К	З	М	Ш
Л	С	В	Б	Д	Й	С	Я	И	О	М	Н	А	У	Х	И
А	Н	К	Є	Е	И	М	В	Р	Р	Ю	И	Ґ	М	Т	Т
Ж	Л	Е	Ґ	Ж	Р	Х	М	Н	В	Е	О	Р	Ч	К	Т
Х	Е	У	Ф	Щ	П	К	Щ	Ц	Х	Я	Ж	Ц	Н	Є	Ю

ПРИЙНЯТТЯ
УВАГА
СПОКІЙНИЙ
ЯСНІСТЬ
СПІВЧУТТЯ
ЕМОЦІЇ
ДОБРОТА
ПОДЯКА
РОЗУМОВИЙ
РОЗУМ
РУХ
МУЗИКА
ПРИРОДА
СПОСТЕРЕЖЕННЯ
МИР
ДУМКИ
ПОСТАВА
ПЕРСПЕКТИВА
ДИХАННЯ
ТИША

61 - Elettricità

Л	Я	Н	Н	Е	Ч	А	Б	Е	Л	Е	Т	Н	О	В	Х
О	Б	Л	А	Д	Н	А	Н	Н	Я	А	П	М	А	Л	К
Е	Б	Д	И	Б	И	П	Т	Є	Ч	Ь	З	Б	Ж	С	А
Л	А	Р	Я	Й	И	Н	Ч	И	Р	Т	К	Е	Л	Е	Б
Е	Т	О	Н	П	Ф	О	С	О	Д	С	Ш	Ю	Р	Н	Е
К	А	Т	Н	Ю	С	Ф	М	Ч	В	І	І	Х	Щ	Е	Л
Т	Р	И	А	А	Ж	Е	Р	Е	М	К	Є	Н	Й	Г	Ь
Р	Е	Ж	Г	Д	Г	Л	Е	Е	Г	Ь	Р	Є	И	А	Е
И	Я	К	І	Н	И	Е	Д	Р	Т	Л	Ш	Ж	Н	Т	Е
К	Д	Ф	Р	А	Р	Т	Ф	Ґ	М	І	Р	П	В	И	Е
Д	Ж	Ц	Е	У	К	Г	М	Ю	Щ	К	И	Р	И	В	Є
І	П	О	Б	Є	К	Т	Ю	М	А	Г	Н	І	Т	Н	Ш
Ш	Г	И	З	Г	Е	Н	Е	Р	А	Т	О	Р	И	И	С
С	Ж	И	Щ	Н	Ц	Щ	Л	З	У	Я	І	Я	З	Й	Х
Є	Л	Г	І	Ф	Б	Ф	С	К	О	Ц	Ш	Т	О	Ґ	К
В	Д	Ф	Я	И	Ч	С	Н	Г	А	Р	Щ	М	П	Н	А

ОБЛАДНАННЯ
БАТАРЕЯ
КАБЕЛЬ
ЗБЕРІГАННЯ
ЕЛЕКТРИК
ЕЛЕКТРИЧНИЙ
ДРОТИ
ГЕНЕРАТОР
ЛАМПА
ЛАЗЕР
МАГНІТ
НЕГАТИВНИЙ
ОБ'ЄКТ
ПОЗИТИВНИЙ
РОЗЕТКА
КІЛЬКІСТЬ
МЕРЕЖА
ТЕЛЕФОН
ТЕЛЕБАЧЕННЯ

62 - Antiquariato

С	Ц	С	А	Р	У	Т	П	Ь	Л	У	К	С	Л	І	М
Т	П	Т	П	Я	Е	Г	А	Л	Е	Р	Е	Я	Ш	Н	Е
О	Ь	И	Е	С	И	С	Ь	К	І	Ь	Д	О	С	В	Б
Л	Ц	Л	П	Ю	О	В	Т	Ц	Е	Т	С	И	М	Е	Л
І	В	Ь	Г	Ч	Щ	У	С	А	С	У	І	Ж	Ж	С	І
Т	Ґ	Ґ	Л	Б	Ю	Ч	І	Н	В	Є	Н	Т	Ґ	Т	Щ
Т	Ц	Л	Ф	Г	Ґ	С	К	І	Й	Р	Й	К	Ґ	И	Ц
Я	Є	М	Ю	В	Л	А	Я	Ц	И	Є	А	Ю	К	Ц	І
Д	Е	К	О	Р	А	Т	И	В	Н	І	Ч	Ц	У	І	Н
А	У	К	Ц	І	О	Н	Н	В	Т	Н	И	С	І	Ї	Н
М	Ф	К	М	С	Г	М	Ш	Е	Н	М	В	Т	Я	Я	І
М	Т	И	Х	В	Х	Ґ	О	Х	А	У	З	А	Р	С	С
Ф	И	Л	М	Ж	О	В	Ґ	Н	Г	Ц	Е	Р	С	І	Т
Я	Т	Т	І	Л	И	Т	Я	С	Е	Д	Н	И	Е	Ф	Ь
К	О	Л	Е	К	Т	О	Р	Ь	Л	Т	Е	Й	Ц	Я	Ю
С	П	Р	А	В	Ж	Н	І	М	Е	Ф	И	Б	Ш	Б	Т

МИСТЕЦТВО
АУКЦІОН
СПРАВЖНІМ
КОЛЕКТОР
ДЕСЯТИЛІТТЯ
ДЕКОРАТИВНІ
ЕЛЕГАНТНИЙ
ГАЛЕРЕЯ
НЕЗВИЧАЙНІ
ІНВЕСТИЦІЇ
МЕБЛІ
МОНЕТИ
ЦІНА
ЯКІСТЬ
РЕСТАВРАЦІЯ
СКУЛЬПТУРА
СТОЛІТТЯ
СТИЛЬ
ЦІННІСТЬ
СТАРИЙ

63 - Escursionismo

К	І	Л	С	И	Д	Н	Ш	К	Г	В	Я	Ц	Щ	Н	Е
Л	У	А	Д	О	Г	О	П	К	О	Я	Ч	Ж	Я	Ц	Щ
І	Ж	Д	У	Ю	Н	І	Г	Е	Р	І	В	Б	Ґ	Ж	Ю
М	С	О	Ч	К	Я	Ц	Ь	М	А	Ц	Т	Е	Ґ	Ц	К
А	Ю	В	К	О	Ю	А	Е	П	К	А	М	Е	Н	І	А
Т	Ш	Ф	Н	И	Б	Д	Ф	І	Ф	Т	Р	Ю	Ю	Ь	Р
Ж	Ш	Н	Е	Є	Б	О	О	Н	Е	Н	І	Л	П	О	Т
У	Г	Ж	Б	П	Ж	Р	Т	Г	С	Є	Ж	І	Д	Я	А
Г	Х	П	Е	Е	А	И	Т	И	Н	І	С	Є	И	Н	К
В	Н	Х	З	Т	У	Р	Ж	И	Л	Р	Н	Б	К	О	Д
Є	П	П	П	Ш	Д	П	К	Т	Ж	О	Ш	И	И	Є	Г
В	М	Е	Е	Ц	Я	С	В	И	М	О	Т	В	Й	М	Щ
У	П	У	К	С	А	М	І	Т	В	А	Ж	К	И	Й	Л
Ф	А	Н	И	П	І	Д	Г	О	Т	О	В	К	А	Ю	Р
У	Д	Е	Л	Ш	Р	Р	П	Є	Ґ	Т	В	А	Р	И	Н
Щ	Б	Ь	Щ	Д	Ц	У	У	Ф	Н	Є	П	М	Н	Н	Р

ВОДА
ТВАРИН
КЕМПІНГ
КЛІМАТ
КАРТА
ПОГОДА
ГОРА
ПРИРОДА
ОРІЄНТАЦІЯ
ПАРКИ
НЕБЕЗПЕКИ
ВАЖКИЙ
КАМЕНІ
ПІДГОТОВКА
ДИКИЙ
СОНЦЕ
ВТОМИВСЯ
ЧОБОТИ
САМІТ

64 - Professioni #1

М	И	Ґ	М	Д	И	М	Н	Г	Т	Л	Ю	С	Л	М	Х
О	У	Ш	Ю	Е	І	В	Х	Ш	Н	С	П	А	Ж	И	П
Н	Л	З	М	Л	Д	У	Є	У	Л	Ф	Г	Н	Е	С	М
О	П	Л	И	В	Ч	С	Г	П	І	Р	Е	Т	Ж	Л	Б
Р	Р	О	Т	К	А	Д	Е	Р	Т	А	О	Е	И	И	П
Т	Ч	С	Ш	С	А	И	Ф	С	Г	Н	Л	Х	Ь	В	С
С	Д	О	Б	А	С	Н	Я	В	Т	И	О	Н	В	Е	И
А	Ф	П	О	Є	Н	С	Т	Р	В	Р	Г	І	Ч	Ц	Х
Т	А	Н	Ц	Ю	Р	И	С	Т	Е	Е	А	К	Е	Ь	О
С	Р	Ц	И	Ґ	І	Е	Ґ	Ч	Ц	Т	Ц	Е	Н	Я	Л
І	Г	С	Т	А	Л	В	Н	Е	А	Е	О	Ь	И	М	О
Н	О	Б	Г	Ь	Е	Б	Щ	Е	М	В	А	И	Й	Я	Г
А	Т	А	К	О	В	Д	А	С	Р	Б	А	Н	К	І	Р
І	Р	Ч	Ь	Е	Ю	Ґ	С	А	А	Т	Н	Ч	Г	Я	Ш
П	А	Б	Х	Ж	У	С	Ш	Н	Ф	Є	И	Щ	Ь	Б	Щ
Е	К	И	Н	Ж	О	Д	У	Х	Д	Ц	Д	О	А	Д	Ґ

ТРЕНЕР
ПОСОЛ
ХУДОЖНИК
АСТРОНОМ
АДВОКАТ
ТАНЦЮРИСТ
БАНКІР
МИСЛИВЕЦЬ
КАРТОГРАФ
РЕДАКТОР
ФАРМАЦЕВТ
ГЕОЛОГ
ЮВЕЛІР
САНТЕХНІК
МЕДСЕСТРА
МУЗИКАНТ
ПІАНІСТ
ПСИХОЛОГ
ВЧЕНИЙ
ВЕТЕРИНАР

65 - Antartide

Г	Ь	Я	Д	Е	Г	Е	У	У	Н	В	Ш	К	З	Т	Т
Р	Щ	П	К	И	Н	Д	І	Л	С	О	Д	О	Б	О	Е
Ґ	Б	Й	И	В	О	К	У	А	Н	Т	В	Н	Е	П	М
М	А	Е	Т	Л	К	Б	Ц	Д	Д	Є	Ч	Т	Р	О	П
Г	І	Ф	І	Х	Г	А	Т	О	Р	П	Е	И	Е	Г	Е
Л	Е	Н	В	Р	Ю	Д	Р	В	Х	Р	Й	Н	Ж	Р	Р
Ь	Щ	О	Е	Ц	Я	Ш	С	І	Ж	Ґ	И	Е	Е	А	А
О	И	Ч	Г	Р	Ц	Є	С	Р	Я	Г	Т	Н	Н	Ф	Т
Д	В	Б	К	Р	А	Ж	Ц	Т	А	Е	С	Т	Н	І	У
О	О	А	А	Щ	А	Л	Х	С	Ю	Н	Я	Р	Я	Я	Р
В	Д	Д	Б	И	І	Ф	И	О	Ц	Ч	Л	С	С	О	А
И	Е	Х	О	У	С	Я	І	Ц	И	Д	Е	П	С	К	Е
К	Р	Є	Е	Л	Х	Є	Д	Я	К	Щ	К	С	Г	Ч	Х
І	Е	Я	Р	Щ	К	Т	П	І	В	О	С	Т	Р	І	В
В	С	Л	І	Д	У	Щ	А	М	І	Г	Р	А	Ц	І	Я
М	Ц	В	Х	М	А	Р	И	Е	Ц	Ю	Ж	Р	Ф	Ґ	Я

ВОДА
СЕРЕДОВИЩЕ
БУХТА
КИТІВ
ЗБЕРЕЖЕННЯ
КОНТИНЕНТ
ГЕОГРАФІЯ
ЛЬОДОВИКІВ
ЛІД
ОСТРІВ
МІГРАЦІЯ
МІНЕРАЛИ
ХМАРИ
ПІВОСТРІВ
ДОСЛІДНИК
СКЕЛЯСТИЙ
НАУКОВИЙ
ЕКСПЕДИЦІЯ
ТЕМПЕРАТУРА
ТОПОГРАФІЯ

66 - Libri

Ґ	У	Е	Ш	И	Е	Ж	А	Ц	Ф	Н	С	П	Р	Л	Т
Ч	А	Д	І	В	О	П	О	В	Ц	Р	Ж	О	О	І	Р
О	И	Н	Ф	Г	Щ	Ц	Щ	И	Т	Ч	І	Д	М	Т	А
Ш	Л	Т	І	С	Т	О	Р	І	Я	О	Ь	В	А	Е	Г
Л	К	Я	А	К	Н	І	Р	О	Т	С	Р	І	Н	Р	І
Е	О	Ч	Є	Ч	Х	Н	Ц	Ш	А	А	Ь	Й	З	А	Ч
Я	Л	В	І	Д	П	О	В	І	Д	Н	І	Н	А	Т	Н
Ї	Е	П	О	П	Е	И	Д	К	О	А	М	І	Н	У	И
В	К	Ю	Д	В	Ш	Х	Н	Г	Г	С	Г	С	У	Р	Й
И	Ц	Е	Ф	Ч	Р	Ж	Т	Ґ	И	И	Р	Т	Р	Н	Ь
Ф	І	Р	А	П	Е	В	К	М	Р	П	Є	Ь	Е	И	Д
У	Я	І	Р	Е	С	Ш	Х	Щ	П	А	Т	О	Н	Й	Ж
І	І	І	І	С	Т	О	Р	И	Ч	Н	И	Й	Н	Г	Е
Щ	Ш	Є	Т	Б	І	М	Я	І	Ф	Є	Я	Л	Я	Х	А
Є	Н	П	У	Ґ	П	А	Т	П	В	У	Ш	П	И	С	И
К	О	Н	Т	Е	К	С	Т	Х	Н	Щ	Д	Х	Ч	Ю	Б

АВТОР
ПРИГОДА
КОЛЕКЦІЯ
КОНТЕКСТ
ПОДВІЙНІСТЬ
ЕПОПЕЇ
ЗАНУРЕННЯ
ЛІТЕРАТУРНИЙ
ЧИТАЧ
ОПОВІДАЧ
СТОРІНКА
ВІРШ
ВІДПОВІДНІ
РОМАН
НАПИСАНА
СЕРІЯ
ІСТОРІЯ
ІСТОРИЧНИЙ
ТРАГІЧНИЙ

67 - Geografia

Б	П	І	В	Д	Е	Н	Ь	М	У	Л	У	Н	К	Е	Ґ
Т	Е	Р	И	Т	О	Р	І	Я	Т	Є	Ю	Ф	А	Л	И
Я	І	Д	П	Ш	Ц	Ф	Ф	Н	А	І	Д	И	Р	Е	М
Р	Е	Г	І	О	Н	Д	И	Я	А	Т	И	Д	Т	У	У
А	Т	Л	А	С	Щ	Г	Ґ	П	Ф	Н	Н	О	А	Р	Д
І	Я	А	С	І	У	Р	А	П	Б	Е	К	В	Щ	Щ	К
Ґ	Х	Л	О	В	Г	Л	Е	Ф	Ч	Н	Р	Г	М	Н	Д
С	О	О	У	Ч	І	Н	В	І	П	И	А	О	Т	К	Ц
Ю	Г	М	М	К	В	Т	І	Щ	Ж	Т	Ї	Т	О	Ф	М
К	О	Щ	Ь	И	В	Д	К	Ю	Ж	Н	Н	А	М	Ґ	Х
І	Ґ	П	Л	Ч	В	І	Р	Т	С	О	А	І	Т	Р	Р
Л	Н	С	Ж	Ч	И	Х	П	М	Г	К	Т	И	О	Є	І
М	Ч	В	И	А	С	А	Ц	О	О	Р	О	С	Ц	Ю	Ч
С	Ж	Ш	М	Ж	О	З	П	Р	Р	Щ	Р	И	І	Ж	К
М	М	Ґ	И	С	Т	Є	В	Е	А	Н	И	Ш	Ь	М	А
Я	Ю	Ь	Б	Є	А	М	П	Я	Ш	Р	Ш	П	Ц	И	Х

ВИСОТА
АТЛАС
МІСТО
КОНТИНЕНТ
ПІВКУЛЯ
РІЧКА
ОСТРІВ
ШИРОТА
ДОВГОТА
КАРТА
МОРЕ
МЕРИДІАН
СВІТ
ГОРА
ПІВНІЧ
ЗАХІД
КРАЇНА
РЕГІОН
ПІВДЕНЬ
ТЕРИТОРІЯ

68 - Cibo #1

К	Я	Ш	К	К	С	Щ	Ф	Ш	П	М	К	Є	Ц	Ж	К
Л	Т	Щ	Є	І	В	П	Щ	С	Ф	Ш	Ч	К	Ф	Л	Щ
Ґ	С	Ь	Р	Ь	І	Ц	Є	Т	Ш	К	Ш	Ц	У	О	Щ
О	Ь	Ж	М	Е	І	А	В	Ш	У	І	Ц	И	А	Л	Ц
Є	Т	Г	К	У	П	Г	Ь	І	Ю	І	В	М	Т	М	П
Ш	Р	Ц	Н	У	С	Л	Є	П	Ф	О	Є	Ю	Я	Ц	Ю
Ш	Г	Ґ	Д	М	Ь	Н	Ь	О	К	О	Л	О	М	С	М
Р	П	К	Л	Р	Ж	Б	Ь	Л	И	С	А	В	Н	Д	О
Ч	Б	И	Ь	Т	Г	Л	Т	У	І	Д	П	К	И	Е	Х
Т	Є	Н	Н	О	М	И	Л	Н	П	С	І	Д	Р	Ф	М
У	Ґ	С	І	А	Х	Ш	Ю	И	Я	Ю	Р	Т	О	Р	Т
Н	У	А	М	В	Т	Ц	Н	Ц	С	І	К	Д	Т	Е	Я
Е	К	Ч	Ч	К	А	Ь	І	Я	Л	У	Б	И	Ц	Л	Я
Ц	С	М	Я	Р	Л	К	О	Р	И	Ц	Я	Ц	О	Т	Ю
Ь	Ь	Р	Ш	О	А	Ш	У	Р	Г	Ц	Т	Ф	М	Ґ	М
Я	Є	У	Ц	М	С	Ц	У	К	О	Р	Т	Ю	Ч	И	Ж

ЧАСНИК
ВАСИЛЬ
КОРИЦЯ
М'ЯСО
МОРКВА
ЦИБУЛЯ
ПОЛУНИЦЯ
САЛАТ
МОЛОКО
ЛИМОН
М'ЯТА
ЯЧМІНЬ
ГРУША
РІПА
СІЛЬ
ШПИНАТ
СІК
ТУНЕЦЬ
ТОРТ
ЦУКОР

69 - Aeroplani

Ф	Ж	Б	К	Е	М	Д	В	П	Ґ	Ч	В	Ф	Ф	Е	Ю
Ґ	И	О	А	Р	Г	Е	А	М	І	Щ	І	Ш	Т	В	Щ
Ь	Н	Я	Ю	Є	П	У	К	Ґ	Н	Л	І	Г	Ю	О	Г
И	У	П	Р	И	Г	О	Д	А	Й	А	О	Т	Ц	Д	В
Т	А	Ж	И	К	Г	С	А	Ь	А	Т	Д	Т	О	Е	И
Щ	Д	Є	Ж	С	П	У	С	К	З	О	К	У	В	Н	Н
Р	В	А	А	У	Щ	А	О	И	И	С	В	Т	Т	Ь	Т
В	И	Л	С	П	І	А	П	Ф	Д	И	У	Є	Ц	И	И
Х	Г	П	А	А	О	Ю	Щ	Ь	Ж	В	Щ	Ю	И	Н	Ф
Л	У	А	П	З	М	Ь	Е	К	І	П	А	Ж	Н	К	І
Ч	Н	С	Т	Ч	К	Я	Р	Р	Т	Р	Г	Н	В	Я	Р
А	Т	М	О	С	Ф	Е	Р	А	В	Ю	У	Ц	І	И	І
Д	О	П	Ґ	Ф	П	Ц	Ю	П	Ю	Ш	Г	Ь	Д	Я	Н
П	Я	Т	К	Ц	Є	О	П	Щ	А	П	Е	И	У	Щ	Е
П	О	В	І	Т	Р	Я	Ф	А	Я	Н	Г	І	Б	О	Б
І	С	Т	О	Р	І	Я	Є	Л	П	А	Л	И	В	О	О

ВИСОТА
ПОВІТРЯ
АТМОСФЕРА
ПОСАДКА
ПРИГОДА
ПАЛИВО
НЕБО
БУДІВНИЦТВО
ДИЗАЙН
НАПРЯМ
СПУСК
ГВИНТИ
ЕКІПАЖ
НАДУТИ
ВОДЕНЬ
ЗАПУСК
ДВИГУН
ПАСАЖИР
ПІЛОТ
ІСТОРІЯ

70 - Governo

Н	Е	З	А	Л	Е	Ж	Н	І	С	Т	Ь	Ь	Ц	С	У
О	Б	Г	О	В	О	Р	Е	Н	Н	Я	Є	С	И	В	В
М	О	В	Л	Е	Н	Н	Я	І	Ц	А	Н	М	В	О	М
П	І	Ґ	М	Ї	О	В	О	Д	У	С	Ґ	Г	І	Б	Ж
Ж	Р	Р	Н	Щ	К	Д	Й	П	Ф	Ґ	М	Я	Л	О	С
Р	В	А	М	І	А	К	И	Т	І	Л	О	П	Ь	Д	И
Е	А	Ґ	В	К	З	Е	Н	П	А	М	Ґ	С	Н	А	М
Д	Р	Й	Я	А	Ь	Ю	Ь	О	А	Ц	О	В	И	Л	В
І	І	Є	О	Х	К	Ю	Л	И	Д	М	Р	А	Й	У	О
Л	В	Ь	Г	Н	И	Н	А	Ґ	Ч	В	Я	Т	Ж	О	Л
М	Н	Я	У	А	Ц	Д	Н	Д	С	Ф	Ю	Т	Ш	Б	Р
Г	І	Ю	В	Т	Я	А	О	Ч	Є	Ч	Д	И	Н	Ф	Б
М	С	Щ	Р	С	І	Л	І	М	Л	П	В	Ґ	К	И	І
Н	Т	М	Т	Ю	Я	І	Ц	У	Т	И	Т	С	Н	О	К
Е	Ь	Т	У	Я	І	Т	А	Р	К	О	М	Е	Д	Ч	Ь
Ш	Ґ	Ф	О	В	Т	С	Н	Я	Д	А	М	О	Р	Г	И

ЛІДЕР
ГРОМАДЯНСТВО
ЦИВІЛЬНИЙ
КОНСТИТУЦІЯ
ДЕМОКРАТІЯ
ПРАВА
МОВЛЕННЯ
ОБГОВОРЕННЯ
СУДОВОЇ
НЕЗАЛЕЖНІСТЬ

ЗАКОН
СВОБОДА
ПАМ'ЯТНИК
НАЦІОНАЛЬНИЙ
НАЦІЯ
ПОЛІТИКА
РАЙОН
СИМВОЛ
СТАН
РІВНІСТЬ

71 - Bellezza

Ц	Ю	П	О	Ґ	Ц	К	Е	Б	С	Ч	Ж	С	Ц	Ь	І
Е	Д	Х	Г	И	Х	О	Л	М	І	А	Ш	Р	Є	Н	Щ
Е	Є	Ф	Ю	Х	К	С	Е	Я	Ь	Г	Р	Е	Ч	У	К
С	И	М	О	П	Ш	М	Г	У	П	Г	Д	О	Е	П	А
М	А	С	Л	А	Т	Е	А	М	К	О	К	Р	М	М	Ґ
Ш	А	Р	М	М	У	Т	Н	Н	Ь	К	М	Щ	Ь	А	Т
Х	Е	Р	В	В	Ш	И	Т	О	Д	О	О	А	Ф	Ш	Т
А	Щ	О	Ь	М	В	К	Н	Ж	З	Л	Л	Р	Д	Ц	П
Ш	К	І	Р	А	Ч	А	И	И	Е	І	Н	Н	С	А	Р
О	З	О	В	Л	Г	О	Й	Ц	Р	Р	Д	О	Т	М	О
Ю	А	А	Л	Л	Д	Ь	М	І	К	Т	Ж	Щ	И	У	Д
І	Щ	Щ	П	Я	Ш	М	Ґ	В	А	Н	Ґ	А	Л	И	У
Ґ	Ф	Ц	О	А	Н	И	Г	У	Л	С	О	П	І	Н	К
І	І	В	Д	Р	Х	У	Р	А	О	Д	М	А	С	Ю	Т
Ф	О	Т	О	Г	Е	Н	І	Ч	Н	И	Й	С	Т	О	И
Ж	Р	Б	Л	А	Г	О	Д	А	Т	Ь	Л	Ш	Ш	Б	Г

КОЛІР
КОСМЕТИКА
ЕЛЕГАНТНИЙ
ШАРМ
НОЖИЦІ
ФОТОГЕНІЧНИЙ
АРОМАТ
БЛАГОДАТЬ
ТУШ
МАСЛА
ШКІРА
ПРОДУКТИ
ЗАПАХ
КУЧЕР
ПОМАДА
ПОСЛУГИ
ШАМПУНЬ
ДЗЕРКАЛО
СТИЛІСТ

72 - Avventura

Б	Ю	Я	Ф	Ь	А	К	В	О	Т	О	Г	Д	І	П	П
А	Ф	Ю	Л	Є	Д	І	Ю	П	Д	Я	Е	І	З	П	Р
Р	Є	Й	И	В	О	Н	Ь	О	У	Ф	К	Я	У	Р	О
Л	М	І	М	Б	Р	П	Т	Д	Г	Ґ	С	Л	Р	И	Б
І	Ц	Ф	И	Є	И	А	С	О	Ж	Л	К	Ь	Д	З	Л
Н	Н	Ч	К	Ґ	Р	А	І	Р	Ч	И	У	Н	Н	Н	Е
М	А	Е	І	П	П	Ш	Н	О	В	Ю	Р	І	Е	А	М
В	А	В	З	Е	В	Я	Д	Ж	Р	Ч	С	С	Б	Ч	И
С	Ь	Р	І	В	И	М	У	І	С	Н	І	Т	Е	Е	Ш
М	Ь	Г	Ш	Г	И	К	Р	А	С	А	Я	Ь	З	Н	Т
Щ	Б	Ґ	Б	Р	А	Ч	Т	Ж	Ж	К	Ь	Т	П	Н	Є
С	Щ	Б	К	В	У	Ц	А	В	Є	В	Ф	С	Е	Я	В
Г	Г	Е	У	Ш	Е	Т	І	Й	М	Ю	Б	І	Ч	Л	К
Б	Е	З	П	Е	К	А	Л	Я	Н	В	Л	Д	Н	Ф	Г
Е	Н	Т	У	З	І	А	З	М	Л	І	Ш	А	И	Н	Ф
М	О	Ж	Л	И	В	І	С	Т	Ь	Г	П	Р	Й	Є	Ц

ДРУЗІ
ДІЯЛЬНІСТЬ
КРАСА
ПРИЗНАЧЕННЯ
ТРУДНІСТЬ
ЕНТУЗІАЗМ
ЕКСКУРСІЯ
РАДІСТЬ
НЕЗВИЧАЙНІ
МАРШРУТ
ПРИРОДА
НАВІГАЦІЯ
НОВИЙ
МОЖЛИВІСТЬ
НЕБЕЗПЕЧНИЙ
ПІДГОТОВКА
ПРОБЛЕМИ
БЕЗПЕКА
ПОДОРОЖІ

73 - Forme

К	И	Н	Т	У	К	О	Т	А	Г	А	Б	Ц	Я	Д	О
Ф	Ж	Р	Н	Д	А	А	В	И	Р	К	П	К	В	Т	В
Ф	Х	Д	Т	О	Ф	Т	Б	А	Щ	О	Л	П	Ч	У	М
К	О	Н	У	С	В	Ф	Б	А	Л	Е	Ч	И	К	Р	И
І	О	І	К	Ю	Г	Ш	Ч	Д	Ф	Ь	Л	Ж	А	Ч	И
Б	А	Л	О	Б	Р	Е	П	І	Г	Ц	Н	І	М	Р	Т
Ь	К	И	Н	Т	У	К	О	М	Я	Р	П	И	П	Ц	Р
К	Е	Ц	Щ	Д	Ґ	Щ	Ь	А	Х	Ю	Є	Ф	Й	С	И
Ю	О	П	Х	Н	Я	О	У	Р	І	Ч	Ш	А	Є	Х	К
Ґ	Ґ	Л	Я	Ю	Е	Г	Д	І	К	П	Ж	М	А	Т	У
Т	Х	И	О	Е	Ц	Г	Ф	П	Ґ	Ц	Ж	З	І	Д	Т
Г	Д	Е	У	Є	Ф	Е	К	Р	У	Г	Л	И	Й	У	Н
В	А	О	А	Ґ	Д	Є	Н	Ч	С	Ф	Е	Р	А	Г	И
Г	У	О	Г	Х	Ж	Б	Є	Т	Я	Г	Ц	П	Г	А	К
Є	Є	М	Я	Є	Ш	К	У	Б	Ю	Д	У	Л	А	І	Т
Л	І	Н	І	Я	Д	В	Ф	Х	Ц	П	Е	Б	М	К	Ж

КУТ
ДУГА
КОЛО
ЦИЛІНДР
КОНУС
КУБ
КРИВА
ЕЛІПС
ГІПЕРБОЛА
БІК
ЛІНІЯ
ОВАЛЬНИЙ
ПІРАМІДА
БАГАТОКУТНИК
ПРИЗМА
ПЛОЩА
ПРЯМОКУТНИК
КРУГЛИЙ
СФЕРА
ТРИКУТНИК

74 - Oceano

К	Л	С	П	Б	Б	В	И	У	Ф	Г	К	М	У	Б	Д
И	О	А	Щ	И	Ь	Ф	В	Ж	Ш	С	У	П	П	У	Е
Т	І	Г	Ь	Ж	Ґ	Ю	И	У	У	Е	Я	Б	Ц	Р	Л
С	Г	Б	І	І	Ь	Н	Л	А	Г	М	П	А	К	Я	Ь
Є	Е	Ь	Х	Н	Ц	Р	П	Ч	Я	О	Ж	Р	И	А	Ф
М	С	Р	О	Ю	Е	У	И	Ь	Е	Щ	Р	К	Р	Б	І
Ш	В	Щ	Я	Ґ	Н	К	Р	С	Г	Р	Я	М	Ц	И	Н
Л	О	Г	Е	Х	У	А	П	Я	Ж	В	Е	Б	Щ	Р	Г
К	Р	Е	В	Е	Т	К	И	Є	Ж	О	Ь	П	Щ	Х	Я
Р	И	Ф	О	В	Х	Ж	Л	Ю	Ч	С	У	Г	А	Ч	М
М	Е	Д	У	З	А	Х	О	Ф	П	Ь	Л	І	С	Х	У
К	О	Р	А	Л	О	В	И	Й	П	М	Р	Ю	Ч	Ь	А
Х	В	И	Л	І	Ю	К	В	Я	Ц	И	Р	Т	С	У	Т
М	А	Т	Ю	Я	Є	Д	Р	Ь	Ф	Н	Е	В	О	Ч	Г
Ц	О	Д	Х	О	О	Р	В	У	І	І	Щ	Н	І	Н	Ц
У	Н	І	Щ	Х	П	Н	В	Ю	К	Г	А	К	У	Л	А

ВУГОР
КИТ
ЧОВЕН
КОРАЛОВИЙ
ДЕЛЬФІН
КРЕВЕТКИ
КРАБ
ПРИПЛИВИ
МЕДУЗА
ХВИЛІ
УСТРИЦЯ
РИБА
ВОСЬМИНІГ
СІЛЬ
РИФ
ГУБКА
АКУЛА
ЧЕРЕПАХА
БУРЯ
ТУНЕЦЬ

75 - Famiglia

А	Т	Щ	П	Ф	Ч	Р	Б	С	Х	Ю	О	А	М	Я	Б
Д	О	Р	Я	Л	Л	Ш	Т	А	К	Т	І	Т	А	Р	А
П	Л	Е	М	І	Н	Н	И	К	Т	Д	Щ	А	Т	С	Т
Х	Д	И	Т	И	Д	О	Т	І	И	Ь	М	Р	Е	Е	Ь
С	І	А	М	О	І	Л	А	В	Н	Л	К	Б	Р	С	К
О	Т	Ь	Ч	К	Д	Щ	М	О	Ж	П	О	О	И	Т	І
Д	И	Я	К	Ь	У	Ь	К	Л	Б	К	Д	В	Н	Р	В
Л	Р	С	І	Д	У	З	Н	О	Л	Т	Е	Т	С	А	С
Д	И	У	Ч	Я	І	Т	Е	Ч	И	Ґ	Р	С	Ь	К	Ь
И	Т	Б	Ж	Д	И	Є	О	Н	З	К	П	Н	К	Ч	К
П	П	А	Ґ	И	Ю	Є	Г	Е	Н	Р	Щ	И	И	О	И
К	У	Б	М	І	Н	У	Ф	Б	Ю	Т	Ь	Т	Й	Д	Й
Д	И	Т	И	Н	А	А	Ц	Ж	К	П	Я	И	С	Є	И
І	Щ	Л	Я	Є	К	І	К	Я	И	Ж	Ю	Д	К	И	С
О	П	Ю	К	У	Х	Р	Ґ	Ц	С	Щ	Ґ	Г	Г	У	Є
К	Ь	І	С	Х	А	С	М	І	Д	Ш	І	Ґ	Х	І	К

ПРЕДОК
ДІТИ
ДИТИНА
КУЗЕН
ДОЧКА
БРАТ
БЛИЗНЮКИ
ДИТИНСТВО
МАТИ
ЧОЛОВІК
МАТЕРИНСЬКИЙ
ДРУЖИНА
ПЛЕМІННИК
БАБУСЯ
ДІД
БАТЬКО
БАТЬКІВСЬКИЙ
СЕСТРА
ТІТКА
ДЯДЬКО

76 - Creatività

І	Д	Ш	Е	Ц	Ц	Є	К	Щ	І	О	Ф	Б	Н	П	Ю
Н	Н	Я	Н	Н	Е	Ж	А	Р	Б	О	З	А	А	О	Ь
Ч	Ь	Т	С	І	Н	Н	И	Л	П	Щ	Т	Ч	Т	Ч	Ф
И	М	Т	Е	Ц	А	М	Р	И	Д	Л	М	Е	Х	У	Є
Т	Л	У	В	Н	Н	А	В	И	Ч	К	А	Н	Н	Т	Л
А	Т	Ч	Щ	И	С	Р	Ь	М	Н	Ь	Ь	Н	Е	Т	Ь
М	У	Д	Б	П	Р	И	Б	К	Р	Т	М	Я	Н	Я	П
А	Я	І	Ц	Є	М	А	В	Ч	О	С	Ф	В	Н	Ш	Е
Р	В	В	І	Д	Е	Ї	З	Н	Б	І	Р	Ю	Я	Р	В
Д	А	С	Н	Б	Ф	Ь	Ш	Й	І	Н	Ж	О	Д	У	Х
С	П	О	Н	Т	А	Н	Н	И	Й	С	Л	Н	Е	В	П
В	Р	А	Ж	Е	Н	Н	Я	Щ	Ф	Я	Т	Л	М	Н	Ґ
І	Н	Т	У	Ї	Ц	І	Я	Щ	Н	Є	Л	Ь	О	Н	А
А	В	Т	Е	Н	Т	И	Ч	Н	І	С	Т	Ь	Ц	Н	Ґ
Л	А	Е	О	К	Л	И	Є	Р	Ш	А	П	Н	І	Ґ	А
К	Ш	Т	Е	Т	Щ	Х	Х	Ш	А	Ш	П	П	Ї	Ц	В

НАВИЧКА
ХУДОЖНІЙ
АВТЕНТИЧНІСТЬ
ЯСНІСТЬ
ДРАМАТИЧНІ
ЕМОЦІЇ
ВИРАЗ
ПЛИННІСТЬ
ІДЕЇ
УЯВА
ЗОБРАЖЕННЯ
ВРАЖЕННЯ
ІНТЕНСИВНІСТЬ
ІНТУЇЦІЯ
НАТХНЕННЯ
ВІДЧУТТЯ
ПОЧУТТЯ
СПОНТАННИЙ
БАЧЕННЯ

77 - Veicoli

У	Е	С	Б	Л	П	С	Ґ	А	Х	В	Т	А	К	С	І
В	М	Ч	С	Е	О	К	Ґ	В	Ф	Е	І	К	И	У	Т
Л	Ф	Ц	И	О	Ї	У	Ґ	Т	Ц	Р	Л	В	Н	Б	Г
В	К	Є	М	С	З	Т	Н	О	Н	Т	П	І	В	О	Т
Н	Е	В	О	Ч	Д	Е	Ф	М	Р	О	К	Ж	О	Т	Є
Ґ	Г	Л	Р	О	Ч	Р	Т	О	А	Л	М	А	Ч	В	М
Н	Д	Н	О	Г	Р	У	Ф	Б	К	І	Е	Т	Т	А	У
Х	Ж	У	П	С	Ш	Е	У	І	Е	Т	Т	Н	Ч	І	І
Г	В	Г	С	Т	И	И	Ж	Л	Т	В	Р	А	Д	П	Л
Ж	С	И	Є	Щ	В	П	Н	Ь	А	К	О	В	Ж	Ч	Ш
П	И	В	Є	С	Є	П	Е	И	Ґ	А	Ґ	Ф	О	Ц	Х
Ф	Я	Д	Н	Ш	Р	Х	Ч	Д	И	Р	Щ	Д	Є	К	Ґ
І	У	Б	М	Г	Ц	Р	О	Т	К	А	Р	Т	Л	Є	Ь
Ц	Ю	Ч	Б	Ь	Д	Ш	Т	А	Т	В	Л	Н	Б	Ф	Д
С	А	Ф	Я	Т	У	П	В	В	Т	А	Х	В	П	О	П
Я	Г	Щ	О	Б	Р	Ж	Х	У	Ф	Н	Ж	У	Ц	Ш	Ь

ЛІТАК
АВТОМОБІЛЬ
АВТОБУС
ЧОВЕН
ВЕЛОСИПЕД
ВАНТАЖІВКА
КАРАВАН
ВЕРТОЛІТ
ФУРГОН
МЕТРО
ДВИГУН
ЧОВНИК
ШИНИ
РАКЕТА
СКУТЕР
ТАКСІ
ПОРОМ
ТРАКТОР
ПОЇЗД
ПЛІТ

78 - Natura

К	Д	Р	С	К	Х	Ч	У	Я	Р	О	С	С	Я	О	С
Й	И	Н	Т	О	Б	Р	У	Т	З	Е	Б	К	М	Е	В
И	Н	В	Ґ	В	С	Ю	Ц	С	М	О	Г	Ч	К	Ц	Я
К	А	Н	О	В	П	Є	Ч	И	Р	О	Г	С	Х	В	Т
И	М	Т	И	Д	Ь	И	Б	Л	Т	Ч	В	И	Я	Ц	И
Д	І	Ь	Г	Т	О	П	Р	И	Т	У	Л	О	К	Р	Л
Е	Ч	Р	Г	Г	С	Ь	І	Л	І	С	Е	С	Х	Ф	И
Р	Н	А	Б	Е	И	Я	Л	Е	Т	С	У	П	Ф	Т	Щ
О	И	Е	Г	Ж	Ю	В	Е	Я	Ю	Ч	Л	О	Ц	У	Е
З	Й	И	Н	Ч	И	Т	К	Р	А	К	Ч	І	Р	Ш	І
І	М	К	Ь	Я	Щ	Н	С	Є	С	Ц	П	Ґ	И	Р	Г
Я	Ф	Х	Т	Ш	Щ	К	У	Д	А	Т	В	А	Р	И	Н
Г	Т	Ш	М	У	О	П	Ф	Ь	Р	Ш	О	Е	Ф	У	О
Ц	Ч	Р	Н	А	М	Р	С	Б	К	Б	Д	Ж	І	Л	О
Е	Ф	Д	Є	С	Р	А	Т	Р	О	П	І	Ч	Н	И	Й
Н	Ш	Ґ	Ь	Ь	М	И	Н	Ф	Ш	К	Ф	В	В	Ю	К

ТВАРИН
БДЖІЛ
АРКТИЧНИЙ
КРАСА
ПУСТЕЛЯ
ДИНАМІЧНИЙ
ЕРОЗІЯ
РІЧКА
ЛИСТЯ
ЛІС
ЛЬОДОВИК
ГОРИ
ТУМАН
ХМАРИ
ПРИТУЛОК
СВЯТИЛИЩЕ
СКЕЛІ
ДИКИЙ
БЕЗТУРБОТНИЙ
ТРОПІЧНИЙ

79 - Balletto

І	Ч	Щ	А	Х	Ш	Ґ	Ж	Е	С	Т	Г	А	У	М	І
А	Н	И	Р	Е	Л	А	Б	Г	У	Б	Х	У	Щ	Ш	Я
Р	О	Т	И	З	О	П	М	О	К	Ц	У	Л	Б	Ь	О
М	Ь	І	Е	Л	І	Х	І	Б	Щ	І	Д	Ю	К	І	Е
А	Р	Ж	І	Н	Я	І	Ф	А	Р	Г	О	Е	Р	О	Х
К	Б	А	Р	Т	С	Е	К	Р	О	Р	Ж	О	В	І	Ґ
Ч	Ж	Х	Є	Ь	Л	И	Т	С	Ш	Щ	Н	П	И	В	П
И	Х	Д	Х	Е	Є	В	В	Е	Ь	Ш	І	Л	Т	И	Р
В	І	Т	С	И	Р	Ю	Ц	Н	А	Т	Й	Е	О	Р	А
А	У	Д	И	Т	О	Р	І	Я	І	В	Х	С	Н	А	К
Н	М	В	М	У	З	И	К	А	В	С	Ю	К	Ч	З	Т
Я	М	Щ	К	В	А	К	І	Н	Х	Е	Т	И	Е	Н	И
О	Т	Н	А	И	Л	Ш	Б	М	Т	И	Р	Ь	Н	И	К
Р	Е	П	Е	Т	И	Ц	І	Я	Я	М	К	Н	И	Й	А
Н	П	Ж	С	Б	Л	Ю	Х	О	Ю	З	Н	Ю	Й	С	С
С	Ч	Ф	К	Є	Ц	Ж	В	Д	М	О	И	Х	П	Ф	Ф

НАВИЧКА
ОПЛЕСКИ
ХУДОЖНІЙ
БАЛЕРИНА
ТАНЦЮРИСТІВ
КОМПОЗИТОР
ХОРЕОГРАФІЯ
ВИРАЗНИЙ
ЖЕСТ
ВИТОНЧЕНИЙ
ІНТЕНСИВНІСТЬ
М'ЯЗИ
МУЗИКА
ОРКЕСТР
ПРАКТИКА
РЕПЕТИЦІЯ
АУДИТОРІЯ
РИТМ
СТИЛЬ
ТЕХНІКА

80 - Paesi #1

Ф	Р	Л	Н	Х	К	Х	С	Л	Я	Н	Б	Я	Ж	М	Р
У	И	Ж	Н	Ґ	Т	Л	Ь	Н	М	Д	Р	П	Ч	Ж	У
А	К	Х	І	Н	О	Р	У	Р	А	Д	А	Н	А	К	М
Л	Н	Щ	К	Х	О	Т	Н	Щ	Н	Ь	З	І	Н	Т	У
В	І	О	А	Л	Г	Ш	Д	Т	Т	Е	И	Ґ	И	Ч	Н
Ц	Е	В	Р	Б	В	Т	Л	Ф	Є	І	Л	П	Ч	П	І
П	Є	Н	І	В	К	Д	Д	А	В	Р	І	А	Ч	Є	Я
В	Т	Б	Е	Я	Е	І	Н	Д	І	Я	Я	Н	Е	Г	І
Д	И	Ю	І	С	Ь	Г	О	К	К	О	Р	А	М	И	Д
Ґ	Ь	Ю	К	П	У	С	І	Р	Д	Ц	І	М	І	П	Н
М	Л	Х	І	Н	Ч	Е	І	Я	Б	Х	Ч	А	Н	Е	Я
І	С	П	А	Н	І	Я	Л	А	Г	Е	Н	Е	С	Т	Л
Д	Ж	Д	С	О	Щ	І	Ю	А	В	К	Г	Я	Р	М	Н
Г	П	О	Л	Ь	Щ	А	І	З	Р	А	Ї	Л	Ь	А	І
К	А	М	Б	О	Д	Ж	А	Ш	Л	М	Ц	В	Н	Л	Ф
Є	Є	Ю	Ґ	Ш	М	О	Б	Я	Ю	Ґ	Ґ	Ж	С	І	Л

БРАЗИЛІЯ
КАМБОДЖА
КАНАДА
ЄГИПЕТ
ФІНЛЯНДІЯ
НІМЕЧЧИНА
ІНДІЯ
ІРАК
ІЗРАЇЛЬ
ЛІВІЯ
МАЛІ
МАРОККО
НОРВЕГІЯ
ПАНАМА
ПОЛЬЩА
РУМУНІЯ
СЕНЕГАЛ
ІСПАНІЯ
ВЕНЕСУЕЛА
В'ЄТНАМ

81 - Geometria

Г	Є	Г	Я	Ч	Л	В	Р	О	М	В	О	У	П	Г	Р
С	И	М	Е	Т	Р	І	Я	Б	Е	И	Є	К	А	Л	Л
В	К	В	Ф	Н	У	Ю	Н	Е	Д	С	Щ	Р	Р	Д	Б
Є	Є	Ф	Т	А	Ж	К	Х	Р	І	О	Б	И	А	Я	Ь
С	Е	Г	М	Е	Н	Т	Р	Т	А	Т	Ь	В	Л	Т	Р
І	К	Н	П	Н	Ж	Ю	Е	А	Н	А	С	А	Е	Р	С
Н	П	Ж	М	И	Ґ	Ч	В	Н	А	Щ	Р	Б	Л	И	И
Ь	Г	Я	Я	Ш	Ж	Р	О	Н	Є	Ч	О	Ь	Ь	К	Ж
Л	О	Г	І	К	А	Е	П	Я	Г	Ґ	З	У	Н	У	Л
А	Л	Е	Ц	Р	Т	Е	М	А	І	Д	Р	К	И	Т	Ю
К	О	Ш	Р	Х	О	Р	Ж	Р	Ж	Р	А	Ц	Й	Н	Ч
И	К	Ю	О	В	В	Е	Ш	И	П	Ч	Х	Г	Ц	И	И
Т	К	І	П	Ш	И	А	Т	К	Ґ	П	У	М	Т	К	С
Р	Е	Б	О	Е	Т	М	Я	Н	Н	Я	Н	В	І	Р	Л
Е	А	Т	Р	И	Я	Ф	І	Е	Ґ	А	О	У	Л	Ц	О
В	С	М	П	У	К	Ь	Б	Р	Ц	А	К	Д	Р	Р	Я

ВИСОТА
КУТ
РОЗРАХУНОК
КОЛО
КРИВА
ДІАМЕТР
ВИМІР
РІВНЯННЯ
ЛОГІКА
МЕДІАНА
ЧИСЛО
ПАРАЛЕЛЬНИЙ
ПРОПОРЦІЯ
ОБЕРТАННЯ
СЕГМЕНТ
СИМЕТРІЯ
ПОВЕРХНЯ
ТЕОРІЯ
ТРИКУТНИК
ВЕРТИКАЛЬНІ

82 - Foresta Pluviale

К	П	Д	Ж	В	Є	Ц	Ь	Ч	Р	З	Ї	О	Д	М	Ш
А	Л	Р	Б	Л	Е	Л	Г	В	Е	Б	І	Ш	Ж	О	В
Х	П	І	И	Р	А	М	Х	Х	С	Е	Б	Ш	У	Х	Ш
Ж	Г	М	М	Т	П	О	М	А	Т	Р	І	У	Н	Л	П
А	Р	О	Х	А	У	С	Є	В	А	Е	Ф	О	Г	Е	Р
Т	О	Ф	Я	Х	Т	Л	Е	У	В	Ж	М	Я	Л	Ц	И
Е	М	Ґ	В	И	Ц	Ж	О	С	Р	Е	А	Н	І	Т	Р
Т	А	С	С	А	В	Ц	І	К	А	Н	Г	Н	М	Н	О
Ф	Д	Б	К	О	М	А	Х	Ь	Ц	Н	А	А	Ц	К	Д
Р	А	Л	Щ	М	Я	А	Р	Є	І	Я	В	В	Ц	О	А
Ґ	І	М	О	Б	Ф	Х	М	Ь	Я	Ч	О	И	І	Р	П
В	Б	О	Т	А	Н	І	Ч	Н	И	Й	П	Ж	Д	І	Т
Ш	Щ	С	С	Т	М	Б	Ж	У	Ж	І	Ь	И	У	Н	А
Е	Щ	Ж	Ґ	О	Д	Х	Я	Ь	И	Р	И	В	О	Н	Х
Ш	А	Ц	Ч	О	Ю	Я	Ж	Ф	Н	Й	И	Н	Н	І	Ц
Ю	Ь	Ч	Л	Х	І	Ф	Л	Д	Н	Є	К	Ч	Щ	П	Ц

АМФІБІЇ
БОТАНІЧНИЙ
КЛІМАТ
ГРОМАДА
ДЖУНГЛІ
КОРІННІ
КОМАХ
ССАВЦІ
МОХ
ПРИРОДА
ХМАРИ
ЗБЕРЕЖЕННЯ
ЦІННИЙ
РЕСТАВРАЦІЯ
ПРИТУЛОК
ПОВАГА
ВИЖИВАННЯ
ВИД
ПТАХ

83 - Edifici

П	Ф	Ц	Ш	Я	Н	Р	А	К	І	Л	Ш	Х	К	Ф	Х
Ф	Б	Я	Л	Ф	Ш	А	К	С	Г	Ф	Ь	Ф	К	Д	О
Х	Г	І	Щ	И	Т	Ч	М	А	Я	Я	А	Ш	И	Л	К
С	А	Р	А	Й	П	І	Є	Е	Б	К	Д	Щ	В	Ф	О
Я	Ж	Ю	Х	Є	Х	Ю	Ґ	Н	Т	І	И	Ґ	П	Ь	М
Т	Е	К	Р	А	М	Р	Е	П	У	С	Н	В	Е	Ж	А
Е	Ш	К	О	Л	А	Ш	Т	К	О	Ж	У	А	Ц	І	З
А	С	Т	А	Д	І	О	Н	О	Ф	А	Б	Р	И	К	А
Т	О	Б	С	Е	Р	В	А	Т	О	Р	І	Я	У	Ц	Б
Р	К	М	Г	С	Б	Ч	М	И	Г	Х	Х	Ф	М	М	Х
Ю	І	И	У	К	Л	О	Г	Ж	О	І	Я	Ж	Щ	У	Н
Ґ	Н	У	Ч	З	Я	І	Р	О	Т	А	Р	О	Б	А	Л
К	О	П	К	Г	Е	О	Я	Т	Е	Б	К	М	О	М	Д
Г	Л	Е	Ю	В	Д	Й	К	Р	Л	Є	Ш	Е	Ю	Л	Я
К	В	А	Р	Т	И	Р	А	У	Ь	Ґ	О	О	О	У	Д
О	Л	Ц	И	А	А	Є	Ю	Г	Ф	Н	Т	Щ	А	К	П

КВАРТИРА
КАБІНА
ЗАМОК
КІНО
ФАБРИКА
САРАЙ
ГОТЕЛЬ
ЛАБОРАТОРІЯ
МУЗЕЙ
ЛІКАРНЯ
ОБСЕРВАТОРІЯ
ГУРТОЖИТОК
ШКОЛА
СТАДІОН
СУПЕРМАРКЕТ
ТЕАТР
НАМЕТ
ВЕЖА

84 - Malattia

Ж	Ґ	Ф	Е	А	Р	Й	И	Н	З	А	Р	А	З	Ц	І
Г	Е	Н	Е	Т	И	Ч	Н	І	А	Ь	С	Ш	М	Б	Й
Ґ	Д	Щ	С	Е	И	О	К	С	П	Б	Д	Ф	І	Ї	И
Й	И	В	Е	Н	Е	Г	Е	Л	А	Ґ	Х	Е	С	О	Н
С	Я	А	О	Ь	И	О	О	Т	Л	Я	И	Ш	Є	Н	Ь
С	П	А	Д	К	О	В	И	Й	Е	Т	Д	Р	У	В	Л
С	О	І	Ю	О	Л	О	Л	С	Н	Т	Ж	Е	Е	Е	А
Е	З	Т	Г	Н	І	К	Й	И	Н	Ч	І	Н	О	Р	Х
Р	Д	Е	Ж	К	Т	Е	Г	М	Я	Ґ	Д	Н	К	Е	И
Ц	О	Р	Ц	Б	С	Р	Ч	О	Щ	Л	Я	С	У	Ч	Д
Е	Р	А	У	Р	Р	Е	П	Р	С	Х	В	Ш	В	М	В
І	О	П	Н	Ь	Е	П	Ю	Д	Е	Т	О	П	У	Я	І
М	В	І	Ж	Ф	І	О	Р	Н	К	Т	Р	В	Я	К	Н
Е	Ч	Я	І	С	А	П	Б	И	Ч	Д	О	И	Ь	Ш	Ч
Й	И	К	Б	А	Л	С	Д	С	В	В	Д	Ю	Й	Ь	Ш
Л	Й	А	Л	Е	Р	Г	І	Я	В	Т	З	Щ	Ь	Х	Л

ГОСТРИЙ
ЧЕРЕВНОЇ
АЛЕРГІЯ
ОЗДОРОВЧИЙ
ЗАРАЗНИЙ
ТІЛО
ХРОНІЧНИЙ
СЕРЦЕ
СЛАБКИЙ
СПАДКОВИЙ
ГЕНЕТИЧНІ
ІМУНІТЕТ
ЗАПАЛЕННЯ
ПОПЕРЕКОВОГО
ЛЕГЕНЕВИЙ
ДИХАЛЬНИЙ
ЗДОРОВ'Я
СИНДРОМ
ТЕРАПІЯ

85 - Paesi #2

Н	Е	Ь	І	У	Г	А	Н	Д	А	Л	К	С	А	Г	Ч
Ц	К	Б	Ю	Н	В	Х	О	А	Х	І	Х	Б	С	П	Ж
Н	И	Л	Ц	Ж	Д	К	Я	К	С	Б	Ф	Т	А	Т	Ю
Н	Г	Н	Я	І	П	О	І	Ф	Е	Е	І	Ч	Б	Б	Р
Ф	Б	М	М	Ь	Ф	М	Н	Ч	Б	Р	Є	Ю	Я	Е	Ь
Б	Ь	Ш	О	Л	Ц	Е	А	Е	Ц	І	Е	Т	Г	Я	Р
Я	Ш	Ч	Ф	В	Ф	Г	Б	П	З	Я	І	Н	О	П	Я
Ґ	С	Ф	Н	У	Ц	Щ	Л	Г	С	І	Е	У	Ь	Р	Д
Х	О	І	Я	І	Д	Н	А	Л	Р	І	Я	І	С	О	Р
Г	А	Ї	Т	І	П	А	К	И	С	Т	А	Н	П	С	Р
Я	Л	А	П	Е	Н	І	Ь	К	К	Я	С	У	Д	А	Н
Щ	М	І	М	К	Л	А	К	И	С	К	Е	М	Ф	Ь	Я
К	Ж	А	Ю	О	М	Ц	Д	С	И	Р	І	Я	Ж	О	Б
Є	К	Ґ	Й	Ц	Т	В	Г	С	Г	Р	Е	Ц	І	Я	О
Р	И	С	У	К	Н	І	Г	Е	Р	І	Я	К	Л	Ш	Ш
Т	В	Ь	Ш	К	А	Н	Ї	А	Р	К	У	Р	Н	В	Ж

АЛБАНІЯ
ДАНІЯ
ЕФІОПІЯ
ЯМАЙКА
ЯПОНІЯ
ГРЕЦІЯ
ГАЇТІ
ІНДОНЕЗІЯ
ІРЛАНДІЯ
ЛАОС
ЛІБЕРІЯ
МЕКСИКА
НЕПАЛ
НІГЕРІЯ
ПАКИСТАН
РОСІЯ
СИРІЯ
СУДАН
УКРАЇНА
УГАНДА

86 - Tipi di Capelli

Х	П	Е	Л	Ь	И	Т	Я	Ю	Г	Н	Т	У	Ф	Ґ	С
Х	В	Й	И	Н	Р	О	Ч	Ф	Л	К	А	Ц	Ф	Ж	Д
І	Й	И	В	О	Р	О	Д	З	А	Д	С	Ґ	Ґ	Ю	Я
Ю	И	В	Л	А	Ф	Я	Т	Ґ	Д	К	Б	Ж	О	П	Х
Ж	К	Я	І	Я	А	Б	Д	Р	К	Ч	Ц	Ю	Л	К	Ч
А	Н	Р	П	О	С	П	К	Й	И	К	Т	О	Р	О	К
Л	О	Е	Л	Щ	И	Т	К	Е	Й	Ш	С	У	Х	И	Й
Г	Т	Ч	Е	Ф	Є	Й	И	Т	С	В	О	Т	У	С	И
У	Т	У	Т	Б	С	П	Ж	Й	И	Г	В	О	Д	О	Л
Л	Є	К	Е	Д	Б	Ґ	И	И	И	Р	Н	Ц	Ь	К	І
К	Т	Е	Н	В	Л	С	Ґ	Р	Б	С	В	О	Д	Р	Б
Щ	У	І	И	Л	О	Л	Б	І	Р	С	И	Ц	С	О	У
В	Е	Ч	Й	У	Н	Б	Щ	С	И	У	Г	Л	У	И	О
П	У	Ш	Е	Ф	Д	К	О	Р	И	Ч	Н	Е	В	И	Й
І	Л	Я	М	Р	И	М	Я	К	И	Й	Ф	И	Щ	Л	Я
О	И	Ю	Р	Ч	Н	Ґ	П	Ч	М	Ч	Ф	Ж	Ф	Б	Е

СРІБЛО
СУХИЙ
БІЛИЙ
БЛОНДИН
КОРОТКИЙ
ЛИСИЙ
СІРИЙ
ПЛЕТЕНИЙ
ГЛАДКИЙ
ДОВГИЙ
КОРИЧНЕВИЙ
М'ЯКИЙ
ЧОРНИЙ
ХВИЛЯСТИЙ
КУЧЕРЯВИЙ
КУЧЕР
ЗДОРОВИЙ
ТОНКИЙ
ТОВСТИЙ
КОСИ

87 - Vestiti

Ш	А	Ш	М	Л	Ь	Є	Ш	Н	Ц	Р	И	Б	О	П	Т
М	А	С	Ь	Ж	М	М	Є	Г	Б	Ф	Ф	К	Б	Л	Т
О	Р	Р	Ж	О	М	Ф	Ж	Ю	О	Т	С	И	М	А	Н
И	Ж	Х	Ф	Ш	Д	Б	А	Д	О	М	М	А	Т	Т	К
С	П	І	Д	Н	И	Ц	Я	Р	Ц	Є	В	Р	Щ	Т	У
Н	Ш	Щ	О	Ю	Н	Р	А	О	Т	Ь	Л	А	П	Я	Р
И	К	Ч	И	В	А	К	У	Р	Е	У	Х	К	І	Т	Т
Ж	Л	И	М	Х	Т	М	Г	Б	Л	І	Х	З	Б	Т	К
Д	Щ	С	Ю	Ц	Ш	Р	П	А	С	Ж	Ю	У	Ф	У	А
С	А	Н	Д	А	Л	І	Д	Р	А	П	Л	Л	Ь	З	Я
Ж	Ь	Ч	О	И	В	Х	Л	Ь	Р	І	Е	Б	Ж	В	І
Ш	Ф	К	Е	Н	С	Є	Є	С	Б	Ж	П	Є	Ґ	Г	У
Р	С	Б	П	Л	Ж	Ш	Р	Г	Ж	А	А	Д	Ш	С	Д
У	Х	Є	О	С	В	Е	Т	Р	С	М	К	Р	Ф	М	У
Ч	Ш	Я	Я	Ь	Ш	И	Я	Ц	Щ	А	Н	Є	У	Л	Н
М	Я	У	С	Т	А	Г	С	О	Р	О	Ч	К	А	О	Ч

ПЛАТТЯ
БРАСЛЕТ
БЛУЗКА
СОРОЧКА
КАПЕЛЮХ
ПАЛЬТО
ПОЯС
НАМИСТО
КУРТКА
СПІДНИЦЯ
ФАРТУХ
РУКАВИЧКИ
ДЖИНСИ
СВЕТР
МОДА
ШТАНИ
ПІЖАМА
САНДАЛІ
ВЗУТТЯ
ШАРФ

88 - Meteo

Б	А	Х	Ж	Ґ	Ф	У	Т	К	У	К	Е	П	Ю	П	В
Т	Р	Е	Т	І	В	М	Е	Ф	Л	С	К	А	Д	О	М
Р	Е	И	Ж	І	К	С	М	М	Р	І	Р	К	Ф	Л	У
О	Ф	С	З	Б	У	Р	П	Н	Б	Е	М	В	Т	Я	Щ
П	С	С	У	Х	І	Л	Е	Х	Ц	Ґ	И	А	Ж	Р	Т
І	О	Б	Е	Н	Г	Н	Р	Д	Д	Г	Р	К	Т	Н	О
Ч	М	М	Ц	А	Ч	Ґ	А	Д	К	К	Г	С	В	И	Ж
Н	Т	Б	Ю	Г	А	Г	Т	Ц	Ґ	Ґ	А	И	Я	Й	Ю
И	А	Я	А	А	У	Т	У	Є	Ш	Е	Л	Л	Л	Р	Ж
Й	К	Н	Щ	Р	Х	Л	Р	К	Є	Н	Т	Б	Н	Е	Д
О	Я	И	Л	У	І	И	А	М	Т	О	Р	Н	А	Д	О
К	Р	У	Є	К	Е	Ь	О	Р	К	С	Ж	А	Е	І	У
Ь	Н	Н	Ґ	К	Б	Ц	Б	Г	А	У	Ш	М	І	Л	С
Ж	Р	Я	Х	В	У	Ч	О	Ю	Ф	М	Ч	У	Д	Н	М
Є	О	Ш	Ц	Д	Д	Щ	А	Ь	Ч	Г	Х	Т	Я	Т	И
П	О	С	У	Х	А	В	Е	С	Е	Л	К	А	И	Ґ	Щ

ВЕСЕЛКА
СУХІ
АТМОСФЕРА
БРИЗ
НЕБО
КЛІМАТ
БЛИСКАВКА
ЛІД
МУСОН
ТУМАН

ХМАРА
ПОЛЯРНИЙ
ПОСУХА
ТЕМПЕРАТУРА
БУР
ТОРНАДО
ТРОПІЧНИЙ
ГРИМ
УРАГАН
ВІТЕР

89 - Corpo Umano

Л	О	Б	Л	И	Ч	Ч	Я	М	І	Ь	Д	Ш	Ю	Е	Ч
І	Г	О	Л	О	В	А	Щ	А	О	К	О	Л	І	Н	А
К	Б	Л	Ж	П	Ю	І	И	С	Ш	З	І	Т	В	Р	К
О	Ш	Б	И	С	С	О	К	Х	Л	Г	О	О	А	Ж	У
Т	Н	О	Г	А	І	Я	О	Х	У	В	Ь	К	И	К	Р
Ь	М	Ґ	Л	Е	Ч	Е	Л	П	Н	Є	Ґ	Є	М	Р	Л
И	Ю	Ж	Є	Ц	В	Х	О	Я	О	У	О	К	О	О	П
К	И	Ф	П	Р	Ч	Ц	Т	Щ	К	Ч	І	Ж	Є	В	І
Н	Ґ	Ш	Я	Е	Ф	Т	К	С	У	Т	Щ	М	В	И	Д
Е	Р	Д	Р	С	Е	Ш	И	С	И	И	Ф	Б	Ц	Е	Б
Ю	Ю	Х	Д	К	Х	Ш	Я	Д	Ь	Ь	Х	Ш	Л	Ш	О
Г	Ь	Х	Ф	Щ	С	К	Ж	Р	О	Т	Т	І	М	А	Р
Ц	А	П	Ш	М	В	І	Ш	П	А	Л	Е	Ц	Ь	С	І
Л	И	А	А	А	Х	Р	Н	И	С	В	А	И	И	Н	Д
К	Н	Ю	С	Д	Ф	А	Г	У	Я	Ґ	В	О	Я	Ш	Д
П	М	Ц	Ч	А	Г	В	Ц	Щ	У	Ь	О	Н	Щ	К	Я

РОТ
ЩИКОЛОТКИ
МОЗОК
ШИЯ
СЕРЦЕ
ПАЛЕЦЬ
ОБЛИЧЧЯ
НОГА
КОЛІНА
ЛІКОТЬ

РУКА
ПІДБОРІДДЯ
НІС
ОКО
ВУХО
ШКІРА
КРОВ
ПЛЕЧЕ
ШЛУНОК
ГОЛОВА

90 - Mammiferi

В	Ч	К	К	І	Ш	К	А	В	К	Ж	Ф	М	Г	І	И
Е	Е	К	О	Й	О	Т	Р	Б	Ж	Н	Є	А	О	Е	В
Л	Д	Д	К	У	У	И	Б	И	Щ	В	В	Г	Р	Т	Ш
М	Е	Н	М	Л	О	К	Е	Б	Ч	Ч	Б	Є	И	И	Л
Ц	Я	Ф	Ц	І	Ц	В	З	Ґ	Х	Ь	Я	У	Л	Б	Ж
В	Н	К	Д	Г	Д	Ф	С	Е	П	Я	Ц	Ь	А	И	Ж
П	Б	Ц	Н	І	Ф	Ь	Л	Е	Д	Д	Ж	Р	Ґ	К	К
П	Я	У	У	Ж	Ф	Н	О	О	Щ	Д	Г	Д	М	Ш	Б
Л	Б	О	Ш	Ґ	Х	Е	Н	Б	Ь	Д	У	І	А	Ф	Т
Л	А	Т	А	В	Н	Л	Д	И	Ю	Ґ	Ґ	Є	В	Е	А
П	Р	Ф	Ш	Ц	А	О	К	К	К	Ґ	Є	М	П	Ж	Б
П	Л	П	В	П	Ш	Щ	О	Ш	І	Л	У	И	А	Ю	Ч
В	Д	П	О	І	У	Р	У	Г	Н	Е	К	О	Ю	Ш	П
Н	У	Т	І	И	В	К	Щ	Ч	Ь	Ц	Е	Ь	Ю	Б	В
Г	М	О	Е	Щ	Я	Ц	И	С	И	Л	Ш	Ч	К	Ю	С
Є	К	Р	О	Л	И	К	Я	В	О	В	К	У	Ч	Т	Є

КИТ
ПЕС
КЕНГУРУ
КІНЬ
ОЛЕНЬ
КРОЛИК
КОЙОТ
ДЕЛЬФІН
СЛОН
КІШКА
ЖИРАФ
ГОРИЛА
ЛЕВ
ВОВК
ВЕДМІДЬ
ВІВЦЯ
МАВПА
БИК
ЛИСИЦЯ
ЗЕБРА

91 - Cucina

М	Т	Ю	Н	У	Р	М	Ї	С	І	Р	У	И	Є	Р	П
Х	О	Щ	І	Ш	Г	Е	І	Т	Ч	Я	М	Щ	А	Б	У
О	П	Р	Ж	В	И	Ф	Ц	И	Ґ	Ц	Ж	Т	Ш	К	Ф
Л	М	Ч	О	Б	Я	Ґ	Е	Е	Ч	А	Й	Н	И	К	А
О	Д	Ь	Н	З	Е	Щ	П	Е	П	М	Л	Д	Ь	Н	Р
Д	І	Г	Х	Л	И	Ґ	С	Ю	Ь	Т	Р	Е	У	Ш	Т
И	К	Ш	А	Ч	К	Л	С	Е	Р	В	Е	Т	К	А	У
Л	Є	Ю	І	І	Н	Ш	Ь	Ш	Е	О	В	Ю	Л	Е	Х
Ь	Ф	Н	П	І	Ч	О	Г	Н	Д	Ц	И	О	П	Є	Я
Н	В	Л	Д	Ь	У	Ц	Н	М	И	К	П	К	Ю	Т	Б
И	И	О	Є	К	Ь	Р	Е	Х	И	К	Г	Ш	Ю	Ф	Н
К	Л	Ж	Б	И	І	К	Н	Л	В	Ц	Ч	Щ	Д	І	Ґ
Е	К	К	Ї	Ж	А	К	Б	У	Г	Ь	Л	Т	П	П	Ч
Л	И	И	И	Ц	О	Ш	Ш	Л	Ж	Я	С	Ф	Ч	Ц	Г
Г	Р	И	Л	Ь	И	М	А	К	Ч	И	Л	А	П	К	М
И	Є	В	К	Ґ	Н	Н	Л	Ч	Г	Л	Е	Ч	И	К	Ю

ПАЛИЧКАМИ
ЧАЙНИК
ГЛЕЧИК
ЇЖА
ЧАША
НОЖІ
МОРОЗИЛЬНИК
ЛОЖКИ
ВИЛКИ
ПІЧ
ХОЛОДИЛЬНИК
ФАРТУХ
ГРИЛЬ
РЕЦЕПТ
СПЕЦІЇ
ГУБКА
ЧАШКИ
СЕРВЕТКА
ГЛЕК

92 - Giardinaggio

Р	Є	В	Я	І	Н	С	М	Д	Ґ	К	Є	М	Ц	І	Ж
Ж	Щ	Ж	Г	Д	А	С	Й	И	В	О	Т	К	У	Р	Ф
Г	Щ	Ф	Ь	К	Ф	М	Ц	Ш	Г	Н	А	Л	Ш	Е	Р
Ж	Ч	Т	К	В	Ц	Ю	Є	А	С	Т	С	И	Л	У	Ж
Й	И	Н	Ч	І	Н	А	Т	О	Б	Е	В	О	Д	А	Х
С	Ґ	У	Ю	Т	Е	К	У	Б	Ж	Й	Є	В	И	Д	Ь
К	В	Р	В	К	Е	А	Ґ	Г	Я	Н	Н	І	С	А	Н
Ь	Л	Ґ	В	О	Ю	К	Ж	Ю	Ц	Е	А	Є	Ж	Ь	В
Н	В	І	Х	В	Ю	Л	З	Г	Ш	Р	Т	Ґ	Б	С	О
Щ	І	Т	М	І	Х	Ш	Ґ	О	Ш	Н	Ч	Т	Е	К	Л
Я	О	К	У	А	Е	Ґ	П	М	Т	Д	У	Р	Б	Л	О
Е	Я	О	У	К	Т	Ч	Ф	Ж	І	И	Ю	Ґ	П	И	Г
Ї	С	Т	І	В	Н	И	Й	А	В	В	Ч	Г	С	С	І
К	О	М	П	О	С	Т	С	О	Ц	А	Д	Н	І	Т	И
Ч	У	Я	Є	Х	М	Ю	Ь	Х	Ш	М	К	О	І	Я	С
С	Е	З	О	Н	Н	И	Й	Ж	Х	Г	И	Б	Ж	Н	Ф

ВОДА
БОТАНІЧНИЙ
КЛІМАТ
ЇСТІВНИЙ
КОМПОСТ
КОНТЕЙНЕР
ЕКЗОТИЧНІ
ЦВІТ
КВІТКОВІ
ЛИСТ
ЛИСТЯ
ФРУКТОВИЙ САД
БУКЕТ
НАСІННЯ
ВИД
БРУД
СЕЗОННИЙ
ҐРУНТ
ШЛАНГ
ВОЛОГІ

93 - Universo

А	М	І	Щ	Н	Щ	Ч	С	Х	К	А	І	Д	О	З	С
В	Т	І	Ґ	Л	Ґ	Б	Д	Ї	О	Р	Е	Т	С	А	О
Я	Ш	М	С	Ж	Є	Ґ	Щ	Щ	С	Д	А	Н	Д	Р	Н
Р	И	Ь	О	Я	Я	Л	Б	А	М	С	С	О	О	В	Ц
М	Р	П	Б	С	Ц	Е	Т	Д	І	П	Т	З	В	С	Е
Е	О	Е	Е	Г	Ф	Ь	М	О	Ч	М	Р	И	Г	А	С
Т	Т	Ч	Н	Р	Е	Е	Ж	Я	Н	Л	О	Р	О	С	Т
А	А	І	Ц	С	О	П	Р	Б	И	О	Н	О	Т	Т	О
Т	Е	Л	Е	С	К	О	П	А	Й	Р	О	Г	А	Р	Я
П	Г	А	Л	А	К	Т	И	К	А	Б	М	В	І	О	Н
Є	І	Н	Е	Б	Е	С	Н	И	Й	І	В	Н	Я	Н	Н
Р	Р	В	Ґ	Е	Г	Ж	Б	Щ	У	Т	Ф	К	А	О	Я
И	М	Б	К	Л	И	Л	К	Ґ	Ґ	А	Л	Р	У	М	Г
Ю	Щ	Ш	П	У	В	И	Д	И	М	И	Й	М	К	І	В
С	Т	Н	Ж	Х	Л	Ь	Ж	Ґ	А	Ь	Ю	К	Т	Я	Ю
Я	Д	Й	И	Н	Ч	Я	Н	О	С	Ґ	И	Ц	Ч	П	С

АСТЕРОЇД
АСТРОНОМІЯ
АСТРОНОМ
АТМОСФЕРА
ТЕМРЯВА
НЕБЕСНИЙ
НЕБО
КОСМІЧНИЙ
ПІВКУЛЯ
ГАЛАКТИКА
ШИРОТА
ДОВГОТА
МІСЯЦЬ
ОРБІТА
ГОРИЗОНТ
СОНЯЧНИЙ
СОНЦЕСТОЯННЯ
ТЕЛЕСКОП
ВИДИМИЙ
ЗОДІАК

94 - Jazz

У	Ч	Ш	Є	Ч	Ю	В	Р	В	Я	І	Ь	Л	М	І	Є
Т	Р	Е	Ц	Н	О	К	О	І	Ю	Ш	Ґ	Н	У	М	П
А	А	К	І	Н	Х	Е	Т	Д	Р	И	Т	М	З	П	Ф
Я	К	Л	О	Ф	Ж	М	И	О	Ф	Л	С	Ь	И	Р	Н
К	Ж	Ц	А	Є	Х	И	З	М	Ж	А	Н	Р	К	О	О
Х	С	Т	Е	Н	Г	П	О	И	Р	Е	Щ	А	А	В	І
У	Р	Т	Й	Н	Т	Б	П	Й	П	І	С	Н	Я	І	А
Д	П	Щ	И	Ц	Т	Т	М	И	У	Ф	Ь	Ґ	Т	З	Л
О	Е	Ю	Н	Л	Ч	Р	О	В	Є	Ф	Б	О	А	А	Ь
Ж	Ч	Ь	А	С	Ь	Т	К	О	М	Ь	И	Р	Б	Ц	Б
Н	Ч	Є	Р	А	Ь	Л	У	Н	Р	Ю	К	Г	Н	І	О
И	У	Ж	Б	Р	А	У	О	Р	К	Е	С	Т	Р	Я	М
К	Є	Б	О	Т	Х	Г	Щ	Р	Ш	У	Е	М	Д	Т	К
П	Л	Б	П	Ф	Ь	Ґ	Т	Ц	Я	Н	Л	Д	П	У	А
О	Ж	У	Д	Е	С	Т	А	Р	И	Й	П	Р	К	Ш	Л
С	К	Л	А	Д	К	І	О	М	Т	Ю	О	Ч	Л	А	Н

АЛЬБОМ
ОПЛЕСКИ
ХУДОЖНИК
ПІСНЯ
КОМПОЗИТОР
СКЛАД
КОНЦЕРТ
АКЦЕНТ
ВІДОМИЙ
ЖАНР

ІМПРОВІЗАЦІЯ
МУЗИКА
НОВИЙ
ОРКЕСТР
ОБРАНИЙ
РИТМ
СТИЛЬ
ТАЛАНТ
ТЕХНІКА
СТАРИЙ

95 - Vacanze #2

П	П	С	К	Ш	Ь	К	Ь	М	Ш	Н	Д	О	Д	М	К
О	Л	Р	В	Ж	Л	Є	Н	Є	О	А	І	С	К	А	Т
Д	Я	Е	Є	Я	Е	П	Р	Г	Г	М	Ю	Т	П	П	Р
О	Ж	С	Ж	Є	Т	Б	А	О	Н	Е	Ж	Р	Р	І	О
Р	Х	Т	П	Ф	О	О	Т	С	І	Т	П	І	И	Ц	П
О	Т	О	Ф	Ж	Г	Ч	Х	Є	П	Ь	Я	В	З	К	О
Ж	О	Р	А	А	Ґ	Д	М	Ф	М	О	Е	С	Н	М	Р
Щ	Є	А	Ц	Ч	Е	А	О	Н	Е	С	Р	М	А	І	Е
Л	В	Н	П	О	Ї	З	Д	З	К	Т	О	Т	Ч	Н	А
Т	Р	А	Н	С	П	О	Р	Т	В	К	М	Х	Е	О	В
В	Т	Л	Ж	П	Д	П	І	У	Ю	І	П	Л	Н	З	І
Л	Ж	П	Є	С	Ч	Ш	У	Ж	Р	К	Л	Г	Н	Е	З
Я	Д	У	Б	А	Ф	А	Ч	Ґ	Ф	Х	Т	Л	Я	М	А
Ж	А	Г	Н	Щ	Ж	Н	Ю	Р	Н	П	К	Х	Я	Е	Р
К	А	Р	Т	А	Ж	Ч	Б	Б	Щ	Н	Щ	Ш	Ч	Ц	М
Е	Ч	И	Щ	Т	И	Л	Е	І	Ь	І	Ю	Г	А	Ь	Ю

АЕРОПОРТ
КЕМПІНГ
ПРИЗНАЧЕННЯ
ФОТО
ГОТЕЛЬ
ОСТРІВ
КАРТА
МОРЕ
ПАСПОРТ
РЕСТОРАН

ПЛЯЖ
ІНОЗЕМЕЦЬ
ТАКСІ
ДОЗВІЛЛЯ
НАМЕТ
ТРАНСПОРТ
ПОЇЗД
СВЯТО
ПОДОРОЖ
ВІЗА

96 - Attività

Р	Т	Ф	О	Т	О	Г	Р	А	Ф	І	Я	Щ	Ф	Ж	О
М	О	Л	Ь	Ф	Ш	М	Ч	Т	І	Д	М	Л	С	У	Ь
И	Р	З	Т	Ф	П	Ь	Ч	В	И	А	И	К	И	Л	Х
С	И	П	С	Ь	Ф	Ь	К	А	К	І	М	А	Р	Е	К
Т	Б	О	І	Л	Ь	У	Х	Ж	Д	Е	Л	И	Г	Ь	Ґ
Е	О	Л	Н	Р	А	Д	Є	Н	А	Н	М	Ж	І	Ж	Ю
Ц	Л	Ю	Ь	Е	К	Б	Я	И	Г	Ц	Г	П	Я	М	А
Т	О	В	Л	М	Ч	Ч	Л	С	А	М	Ю	І	І	Р	Е
В	В	А	Я	Е	И	И	Л	Е	З	К	Е	Е	Ц	Н	Ґ
О	Л	Н	І	С	В	Т	І	Р	Н	Щ	И	И	Н	В	Г
Щ	Я	Н	Д	Л	А	А	В	Е	Ж	Н	К	А	А	С	Л
Н	Ґ	Я	Ф	А	Н	Н	З	Т	М	С	Я	В	Т	Р	О
В	Ц	Б	Р	Я	Р	Н	О	Н	В	Щ	І	Т	Г	В	П
Б	Ч	С	Х	Ґ	Я	Я	Д	І	П	О	Г	Ц	Т	Є	Д
С	А	Д	І	В	Н	И	Ц	Т	В	О	А	Р	Д	И	Н
З	А	Д	О	В	О	Л	Е	Н	Н	Я	М	Ґ	Н	Ц	Ш

НАВИЧКА
МИСТЕЦТВО
РЕМЕСЛА
ДІЯЛЬНІСТЬ
ПОЛЮВАННЯ
КЕМПІНГ
КЕРАМІКА
ШИТТЯ
ТАНЦІ
ФОТОГРАФІЯ
САДІВНИЦТВО
ІГРИ
ІНТЕРЕСИ
ЧИТАННЯ
МАГІЯ
РИБОЛОВЛЯ
ЗАДОВОЛЕННЯ
ЗАГАДКИ
РОЗСЛАБЛЕННЯ
ДОЗВІЛЛЯ

97 - Diplomazia

Ц	Н	Ю	П	П	О	С	О	Л	Ь	С	Т	В	О	Р	Д
Ю	Б	Х	О	Ц	І	Л	І	С	Н	І	С	Т	Ь	Ґ	И
И	Щ	П	С	Ч	В	Д	Е	Ш	К	М	Ч	Т	Ь	Г	П
О	О	Ф	О	Я	Б	Д	Г	Щ	Б	І	Ж	К	Ц	Р	Л
Ш	І	В	Л	Ю	Р	Е	З	О	Л	Ю	Ц	І	Я	О	О
Й	И	Н	Р	А	Т	І	Н	А	М	У	Г	Л	Ц	М	М
Ц	Я	Н	Н	Е	Р	О	В	О	Г	Б	О	Ф	А	А	А
П	О	Л	І	Т	И	К	А	О	Щ	Т	Л	Н	Р	Д	Т
Б	И	Н	Щ	Х	Н	Б	К	К	Г	Я	Я	О	П	А	И
Х	Р	Ґ	Д	Р	Я	Ч	Е	А	А	О	Ф	К	В	К	Ч
Ж	Г	Ш	Ж	І	Д	У	П	Ь	Є	М	Д	Г	І	И	Н
У	А	І	Х	Ш	А	Л	З	О	П	И	П	Н	П	Т	И
Е	Р	Я	Ш	Е	М	И	Е	І	Р	Ч	Т	А	С	Е	Й
Ґ	Є	Я	М	Н	О	Л	Б	Ь	І	Ж	У	С	Н	Т	Ю
Е	Х	І	Д	Н	Р	Ц	Щ	М	О	В	И	Ш	Ь	І	Ш
Є	Ґ	Р	А	Я	Г	Р	А	Д	Н	И	К	Ш	К	Т	Ї

ПОСОЛЬСТВО
ПОСОЛ
КАМПАНІЇ
ГРОМАДЯНИ
ГРОМАДА
КОНФЛІКТ
РАДНИК
СПІВПРАЦЯ
ДИПЛОМАТИЧНИЙ
ОБГОВОРЕННЯ
ЕТИКА
УРЯД
ЦІЛІСНІСТЬ
МОВИ
ПОЛІТИКА
РЕЗОЛЮЦІЯ
БЕЗПЕКА
РІШЕННЯ
ДОГОВІР
ГУМАНІТАРНИЙ

98 - Forniture Artistiche

Ц	Ю	Г	Я	Я	Ф	Щ	Г	У	М	К	А	Д	О	В	Ж
Ц	К	Р	М	І	Р	І	Л	Е	Т	С	А	П	Л	Ю	К
Л	Є	У	Г	И	А	Т	Л	У	У	О	Я	А	И	Р	Т
Ф	Б	Д	Ь	Р	У	К	Х	Е	Р	К	К	К	Н	О	Х
Р	Ц	Е	Ґ	О	Ґ	А	Ґ	Ж	Ф	Ю	Р	Р	Р	Л	Я
П	В	М	К	Ь	И	У	Ю	Ь	Ґ	Ч	І	И	О	І	І
Ч	Д	В	И	Л	Т	Л	Щ	К	К	О	С	Л	Ч	В	С
Ь	К	Ґ	Т	О	Е	А	О	Л	І	Я	Л	О	Т	Ц	Т
А	Н	Л	Р	К	А	Й	Б	І	Л	У	О	В	Х	І	В
К	А	М	Е	Р	А	Ф	Ч	Л	Е	М	Х	И	Л	Т	О
Р	Г	Ґ	Б	І	У	А	Е	Е	И	В	Т	Й	Г	Д	Р
Г	Х	Ю	Ь	П	Ж	Р	І	Р	У	Ц	Б	Н	Л	И	Ч
І	Щ	Л	Л	А	В	Б	Я	А	Я	Ц	Я	В	И	В	І
Х	Д	Я	О	П	С	И	Д	В	У	Е	У	Ґ	Н	У	С
Ч	Ж	Е	М	В	Ц	Ч	О	К	Ю	С	І	М	А	М	Т
О	Я	Д	Ї	Т	В	Ю	П	А	У	А	Ь	П	Є	Е	Ь

ВОДА
АКВАРЕЛІ
АКРИЛОВИЙ
ГЛИНА
ПАПІР
МОЛЬБЕРТ
КЛЕЙ
КОЛЬОРИ
ТВОРЧІСТЬ
ГУМКА

ІДЕЇ
ЧОРНИЛО
ОЛІВЦІ
ОЛІЯ
ПАСТЕЛІ
КРІСЛО
ЩІТКА
ТАБЛИЦЯ
КАМЕРА
ФАРБИ

99 - Misurazioni

К	Д	О	В	С	Л	Я	Р	Т	Е	М	Я	Ь	Ч	Ц	К
А	О	С	Т	У	П	І	Н	Ь	О	А	Ф	Ч	С	Г	І
О	А	А	Й	М	Ж	Ц	Л	М	Е	Н	А	К	А	Р	Л
Щ	Г	Ц	А	Н	М	Н	А	Щ	Ю	И	Н	Ж	Н	А	О
Є	Л	Ю	Б	Щ	Ч	У	Ц	В	Ь	Л	И	А	Т	М	Г
Д	И	У	П	Є	Ш	Ф	Д	П	Ч	И	Ж	Т	И	Т	Р
Л	Б	И	І	И	Ґ	О	Д	Т	М	В	В	О	М	К	А
Ґ	И	В	Ю	В	Ь	І	Б	Ю	Ф	Х	О	С	Е	І	М
Б	Н	А	Н	И	Р	И	Ш	С	Й	Н	Д	И	Т	Л	І
В	А	Г	И	Ж	Х	Ґ	Я	Ч	Я	М	Е	В	Р	О	М
Н	Ю	А	Т	Н	І	П	Р	В	Ц	Г	Щ	Ь	Т	М	М
Л	П	П	Ш	Е	Є	А	Б	Х	Ф	Ґ	Ґ	Щ	І	Е	Є
Д	Е	С	Я	Т	К	О	В	И	Й	Ф	У	О	Л	Т	Л
Р	Ц	Ґ	Т	Д	Ю	Ю	С	Ф	А	Є	М	Т	У	Р	Ґ
У	Ш	С	Ф	М	М	В	П	Т	Л	К	Ч	Е	П	К	Ґ
У	Д	П	А	В	П	Х	П	В	Щ	Л	Ь	Д	В	Ц	И

ВИСОТА
БАЙТ
САНТИМЕТР
КІЛОГРАМ
КІЛОМЕТР
ДЕСЯТКОВИЙ
СТУПІНЬ
ГРАМ
ШИРИНА
ЛІТР

ДОВЖИНА
МЕТР
ХВИЛИНА
УНЦІЯ
ВАГА
ПІНТА
ДЮЙМ
ГЛИБИНА
ТОННА
ОБСЯГ

1 - Salute e Benessere #2

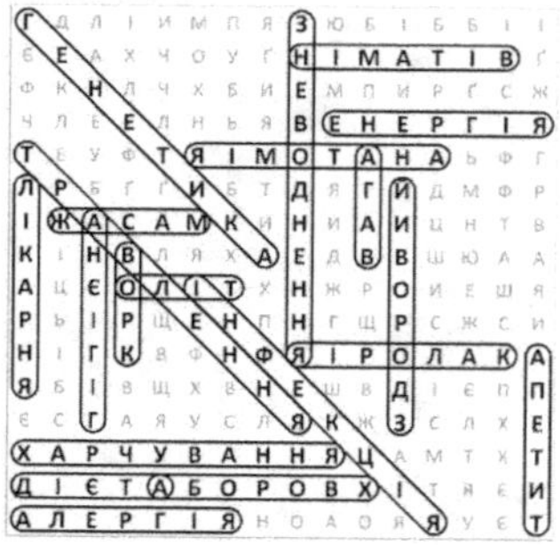

2 - Aggettivi #2

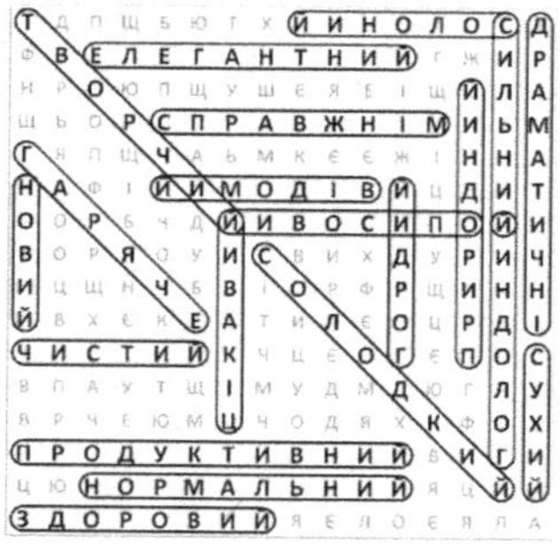

3 - Ingegneria

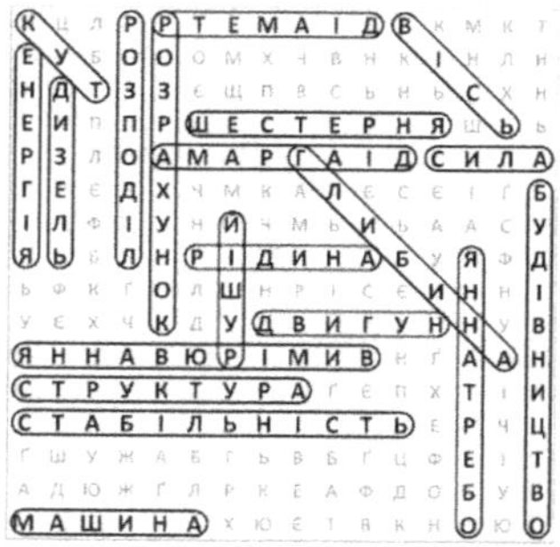

4 - Archeologia

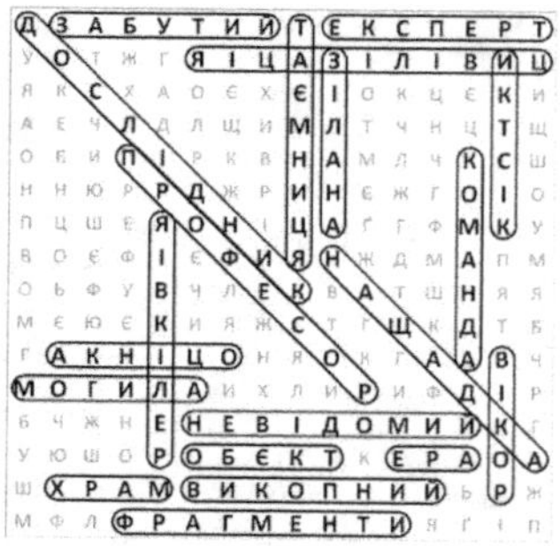

5 - Salute e Benessere #1

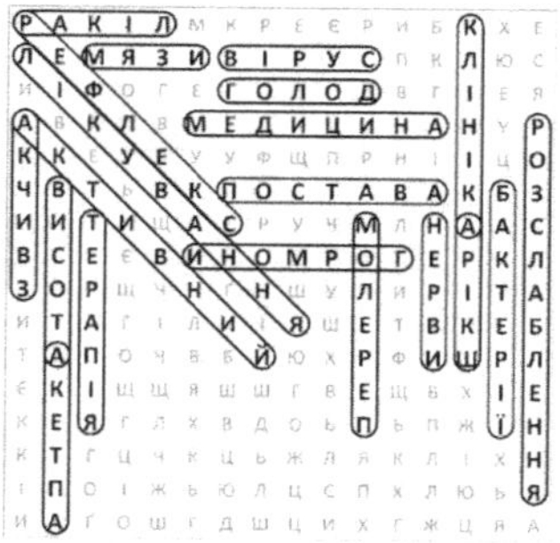

6 - Aggettivi #1

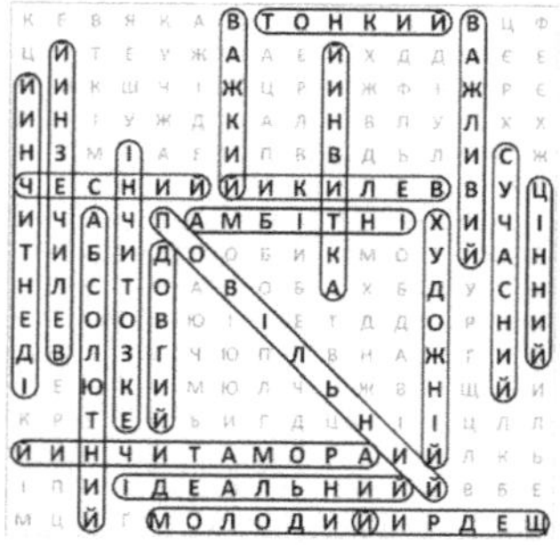

7 - Geologia

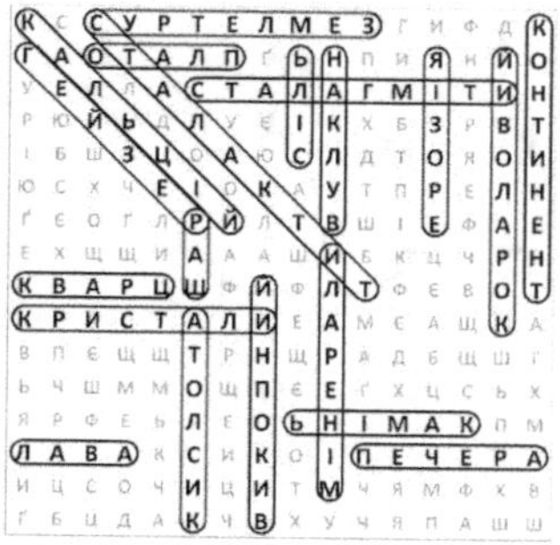

8 - Campeggio

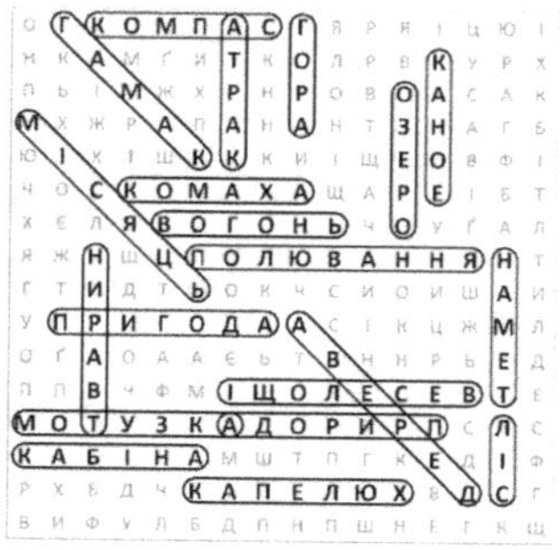

9 - Tempo

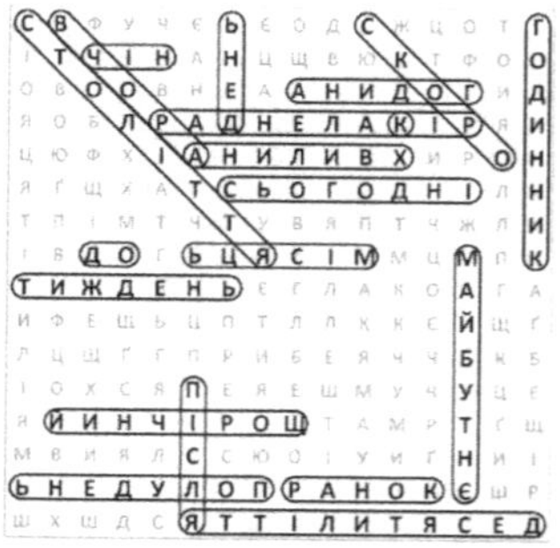

10 - Astronomia

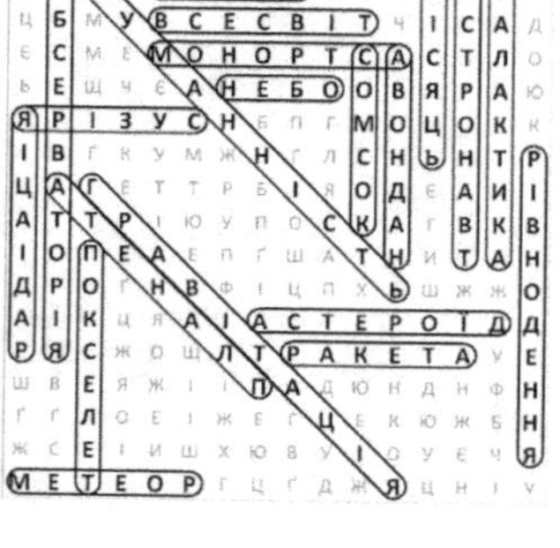

11 - Algebra

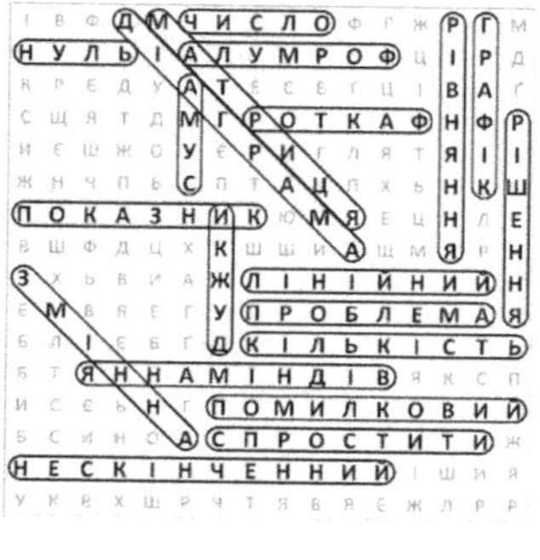

12 - Mitologia

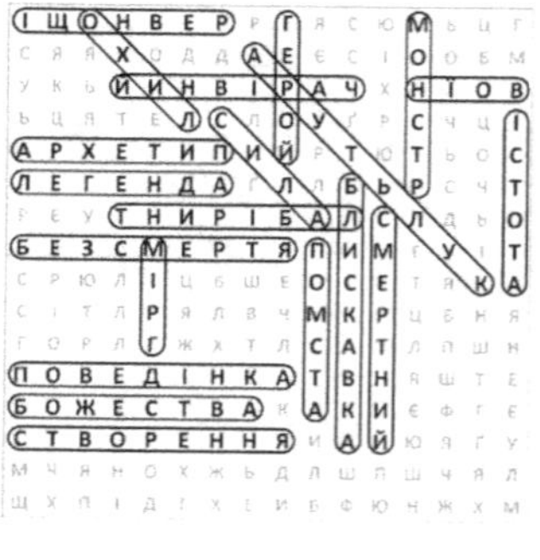

13 - Piante

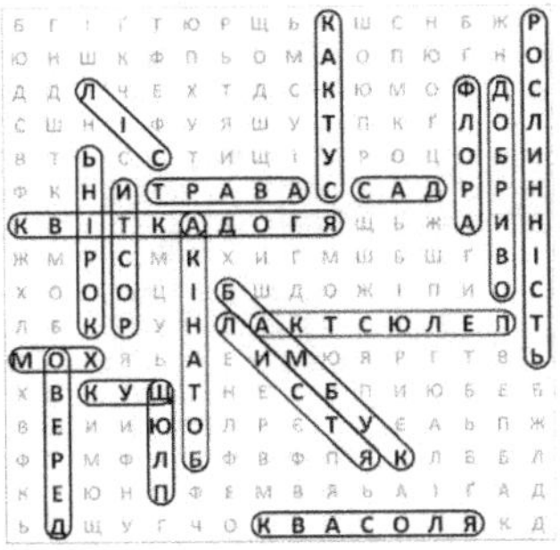

14 - Spezie

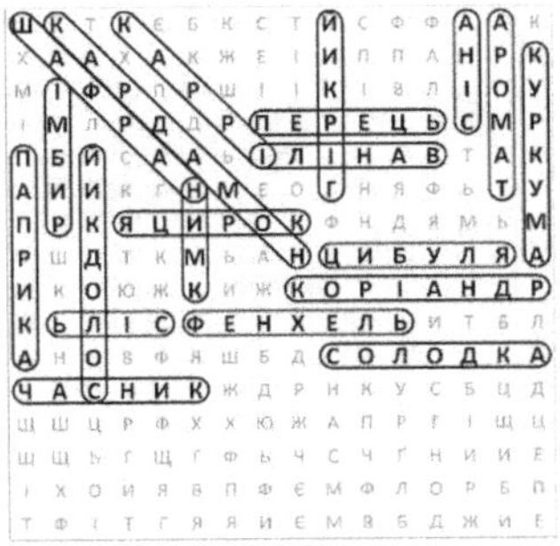

15 - Numeri

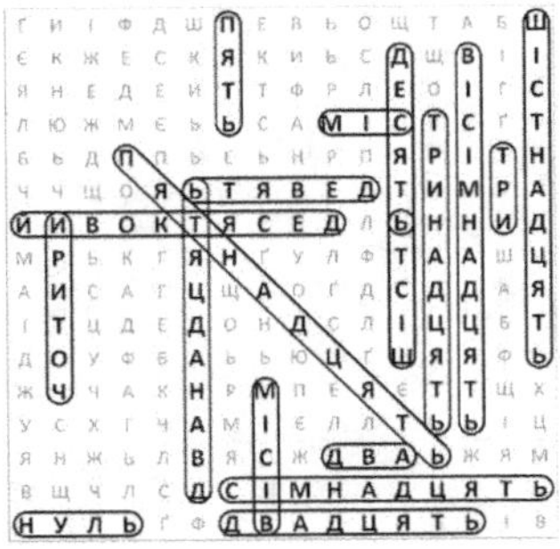

16 - Cioccolato

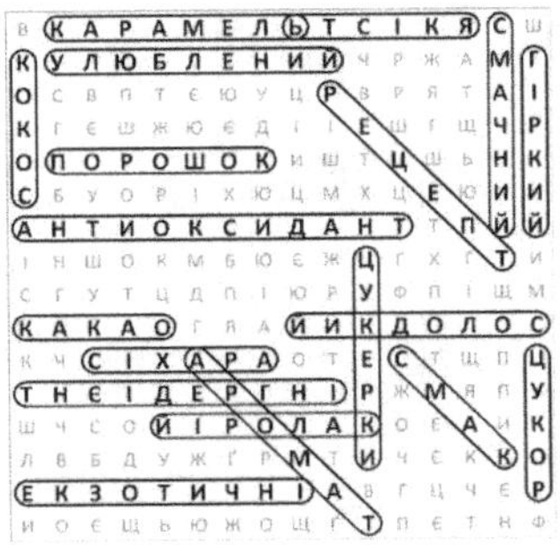

17 - Immigrazione

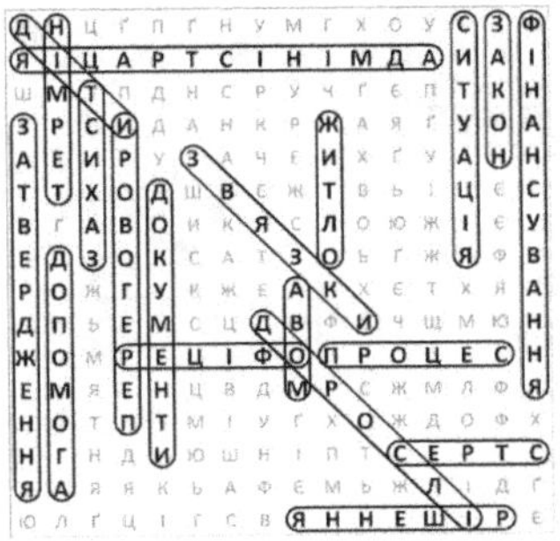

18 - Guida

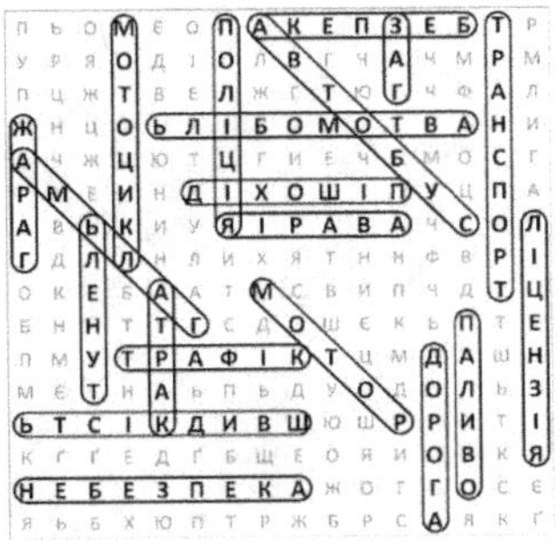

19 - Forza e Gravità

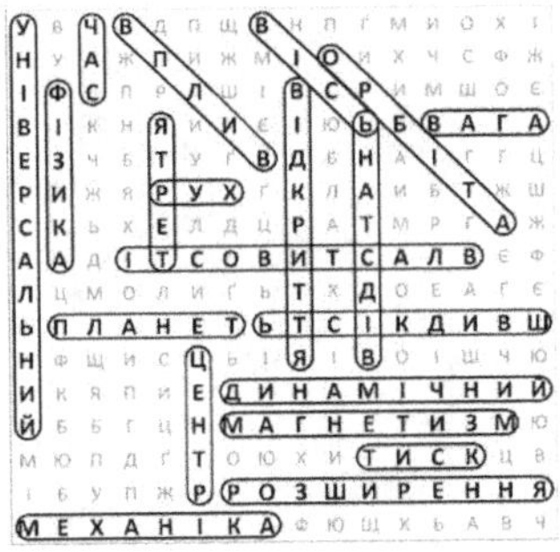

20 - Sport

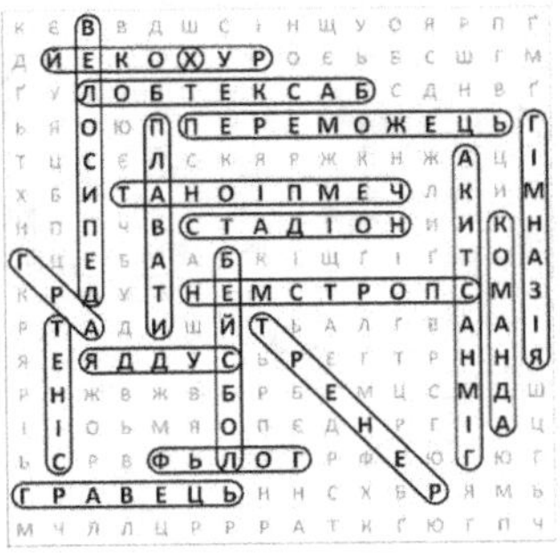

21 - Uccelli

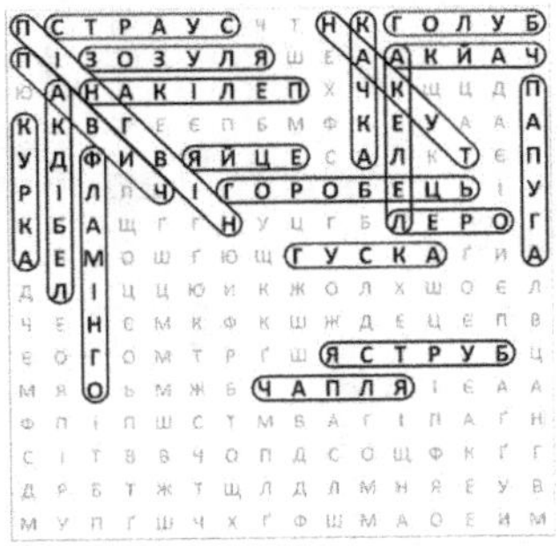

22 - Giorni e Mesi

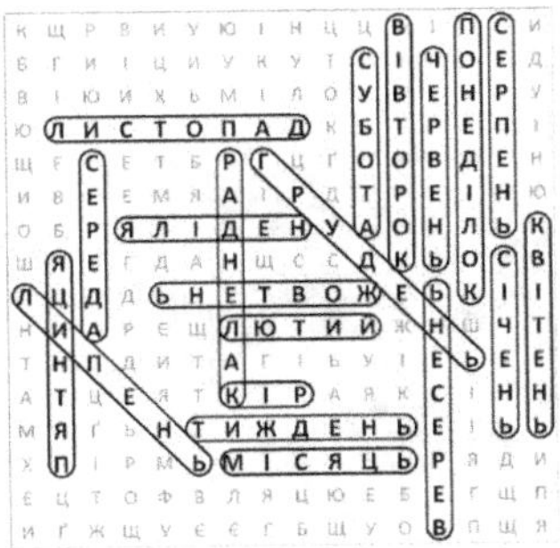

23 - Casa

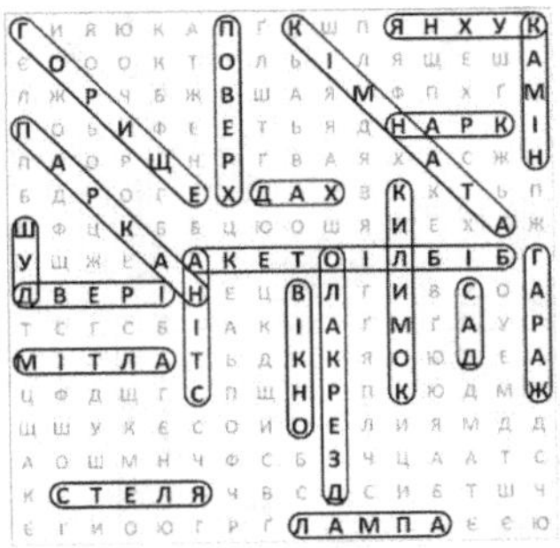

24 - Ristorante #1

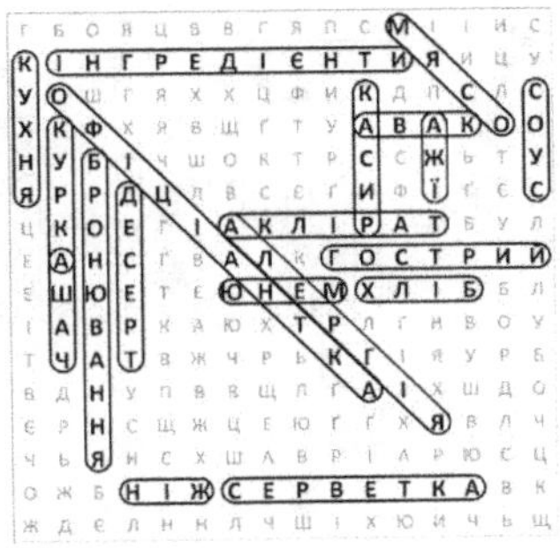

25 - Fantascienza

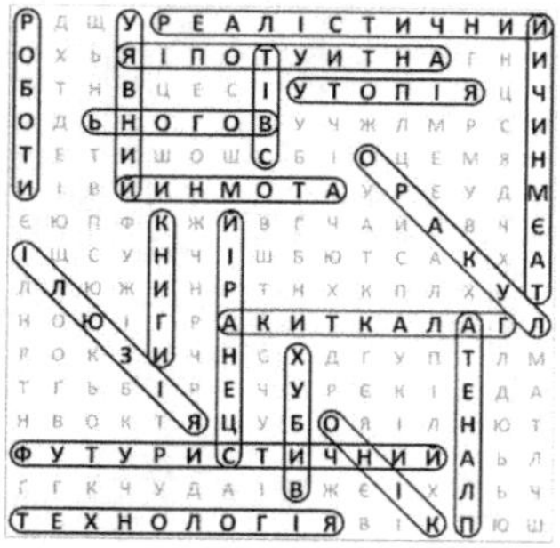

26 - Città

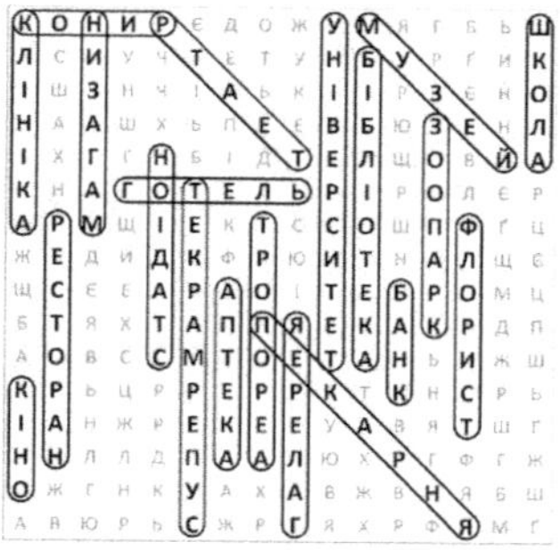

27 - Fattoria #1

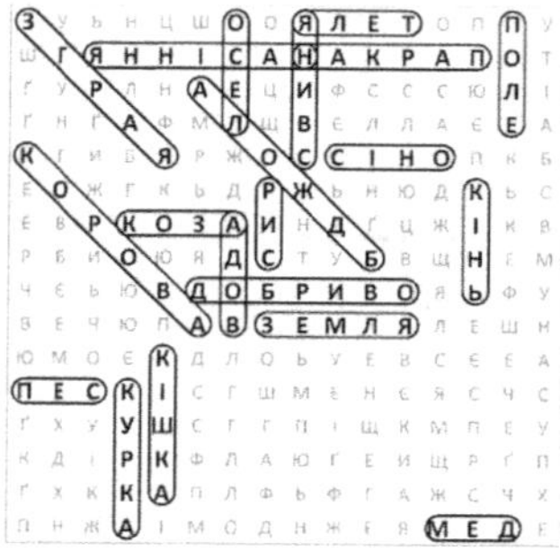

28 - Psicologia

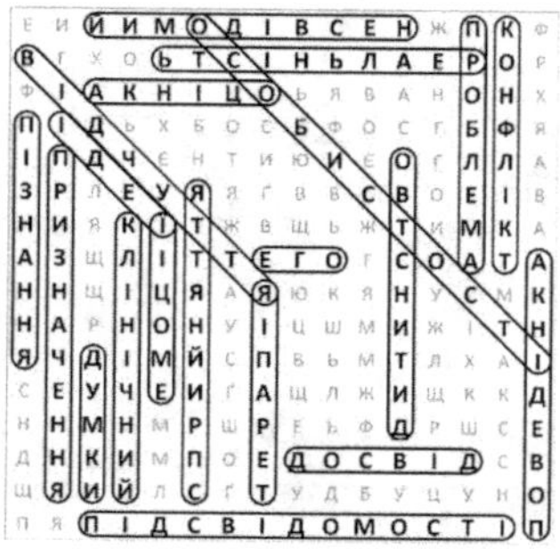

29 - Paesaggi

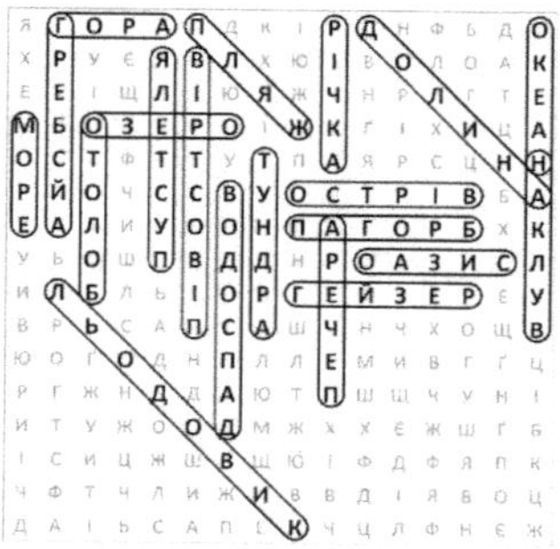

30 - Energia

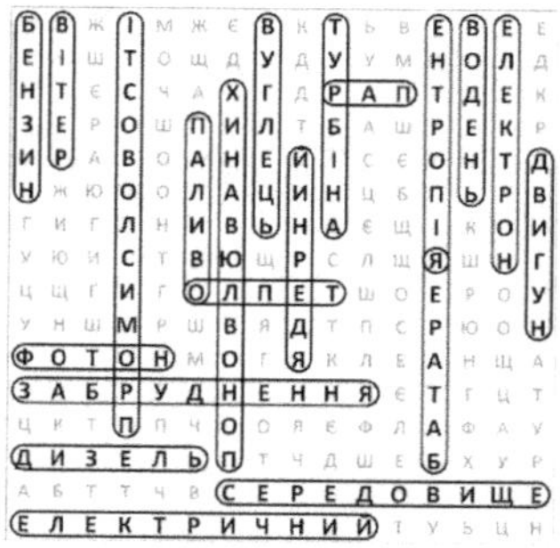

31 - Ristorante #2

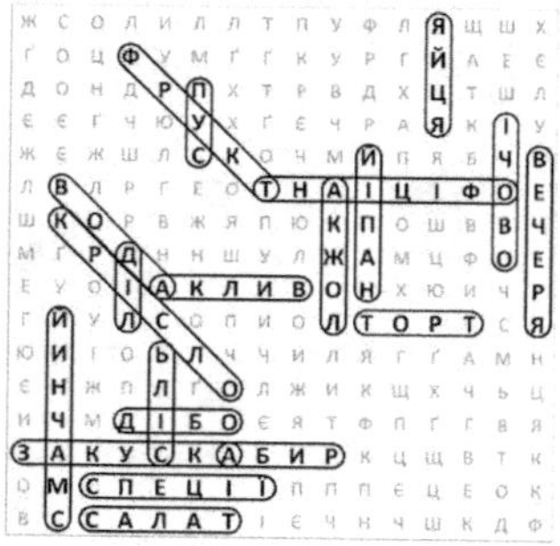

32 - Moda

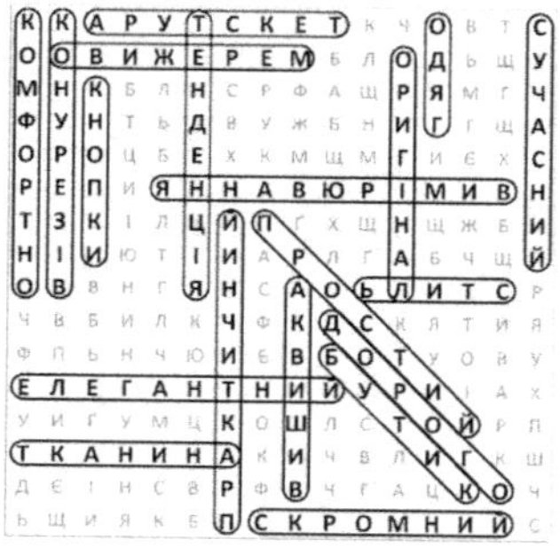

33 - L'Azienda

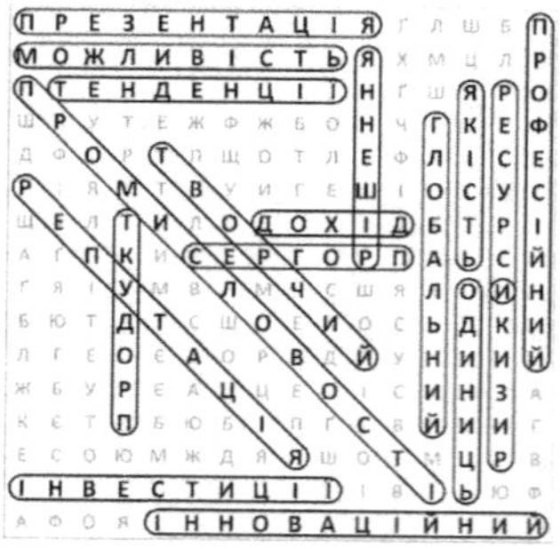

34 - Giardino

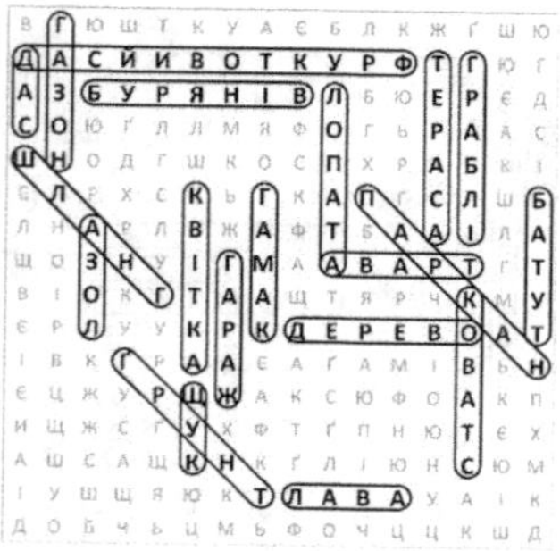

35 - Riscaldamento Gl

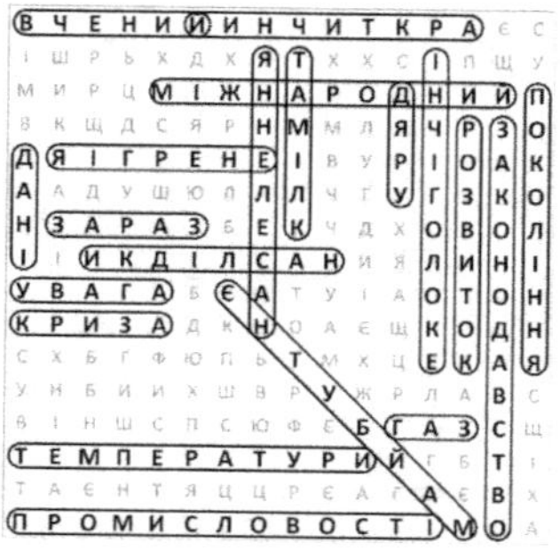

36 - Frutta

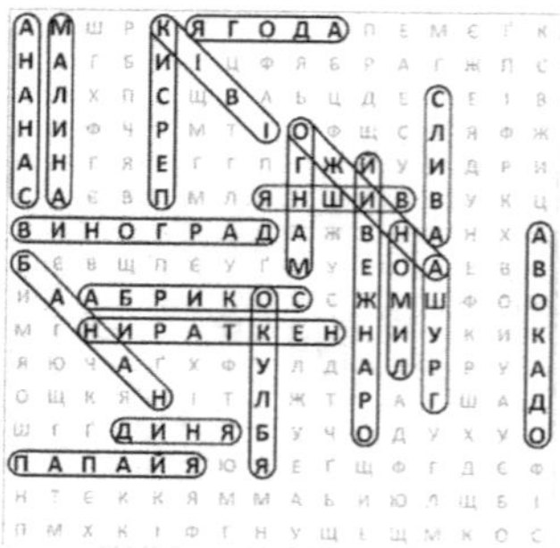

37 - Fattoria #2

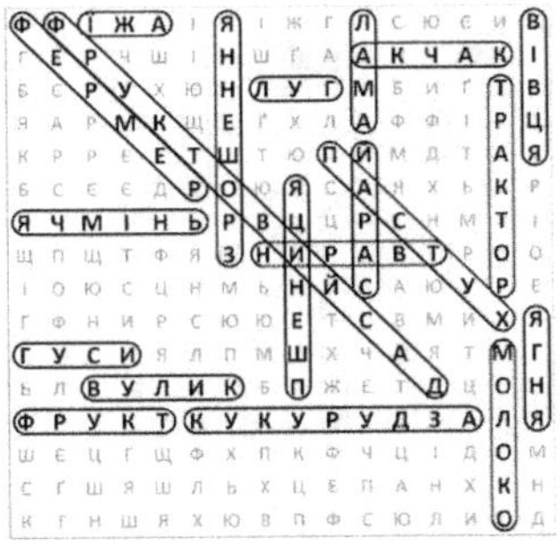

38 - Verdure

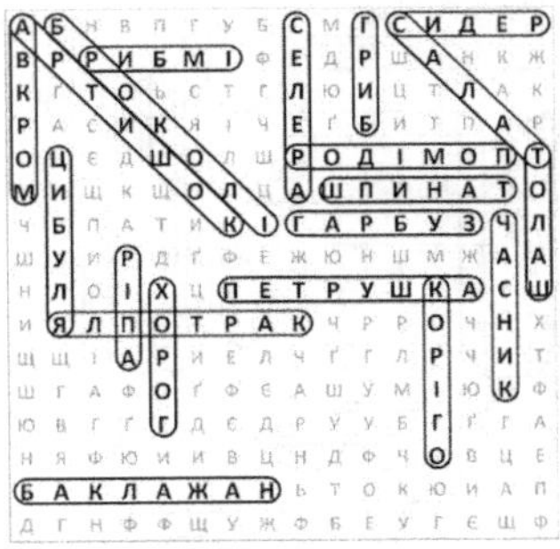

39 - Musica

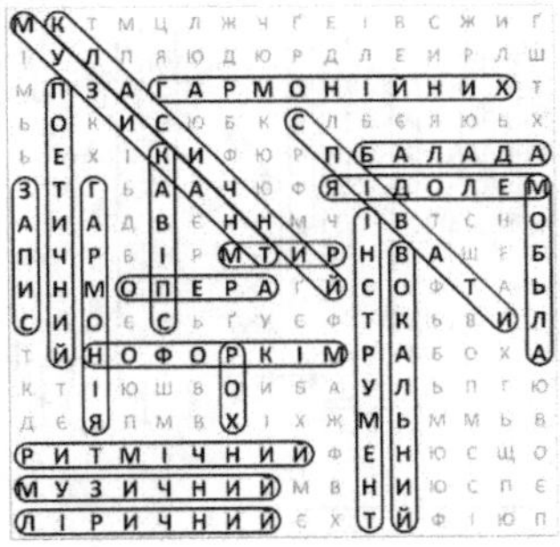

40 - Barbecue

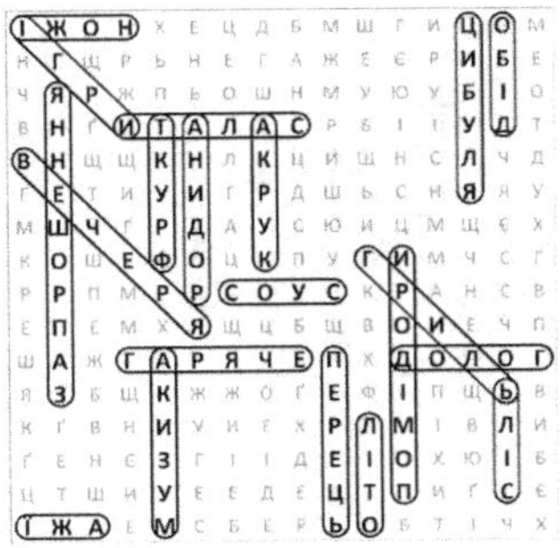

41 - Insetti

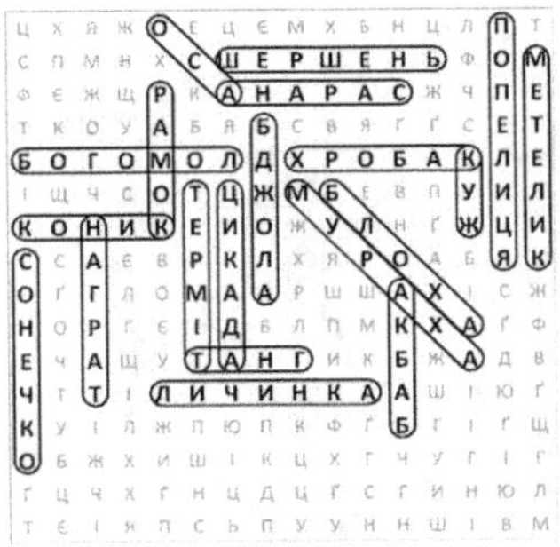

42 - Fisica

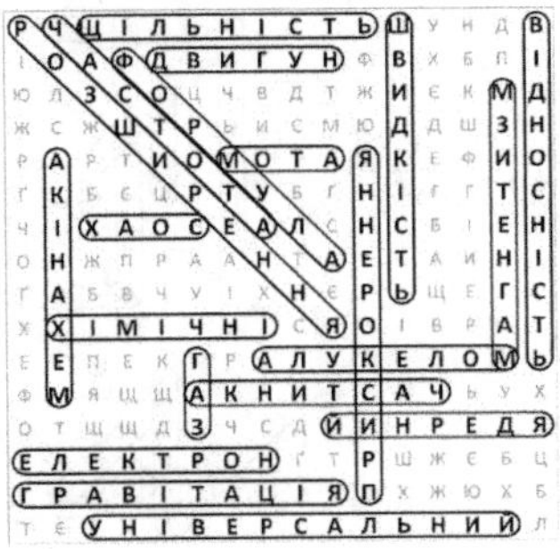

43 - Agronomia

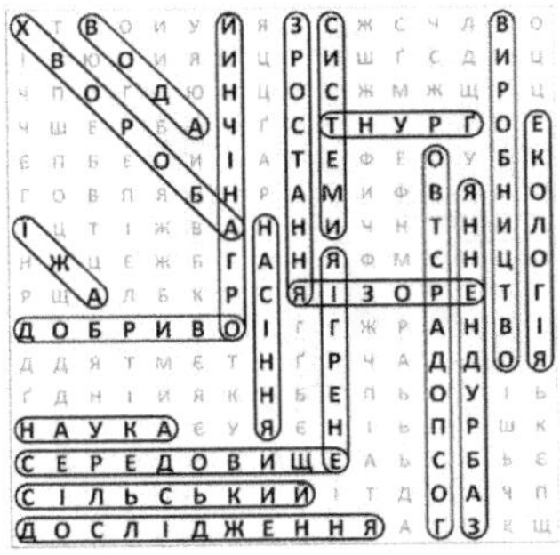

44 - Erboristeria

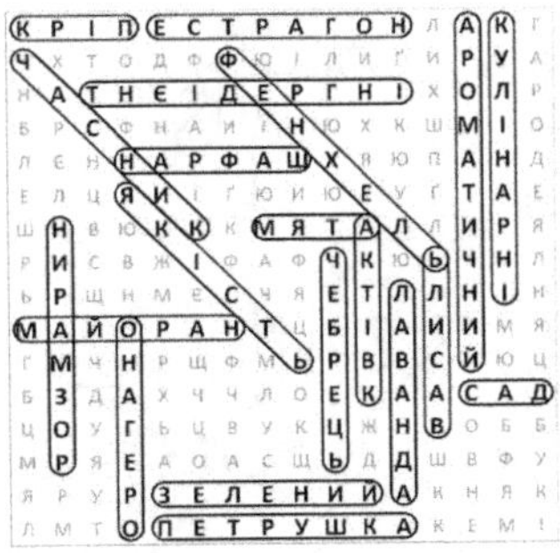

45 - Danza

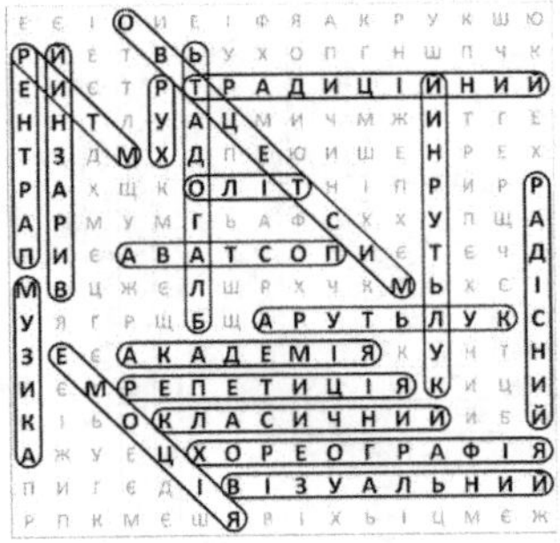

46 - Biologia

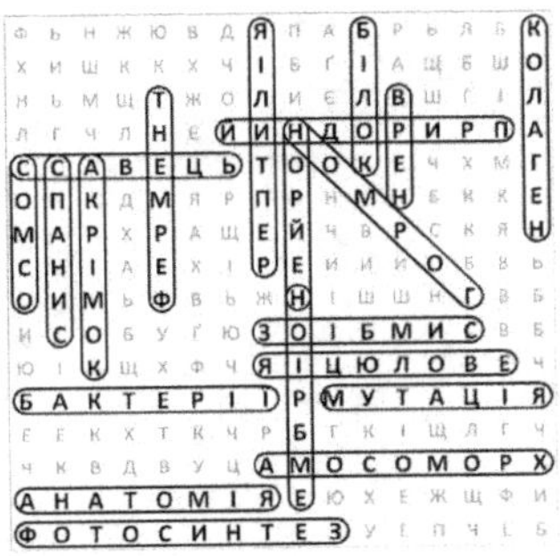

47 - Attività Commerciale

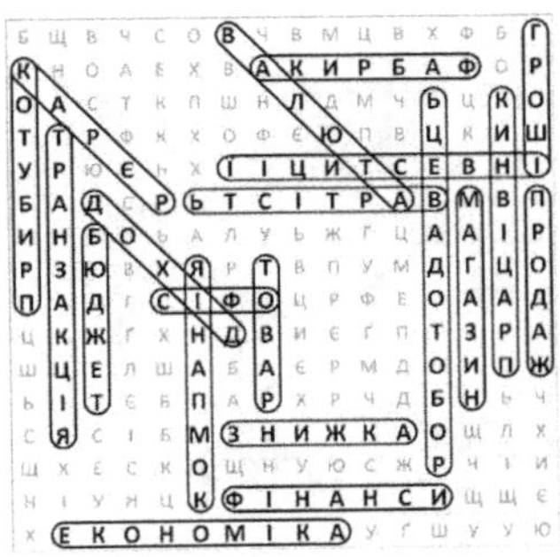

48 - Fiori

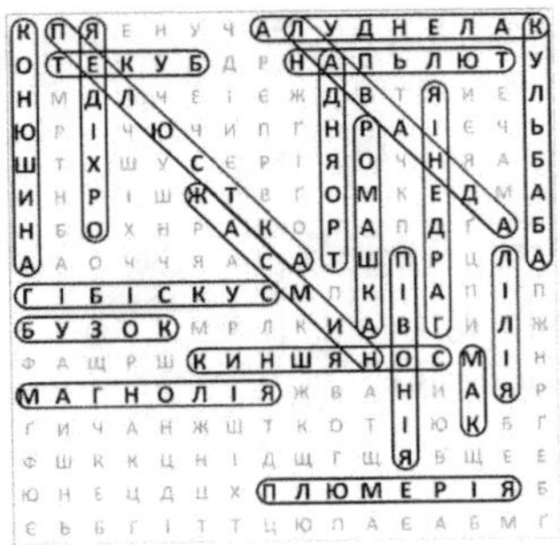

49 - Filantropia

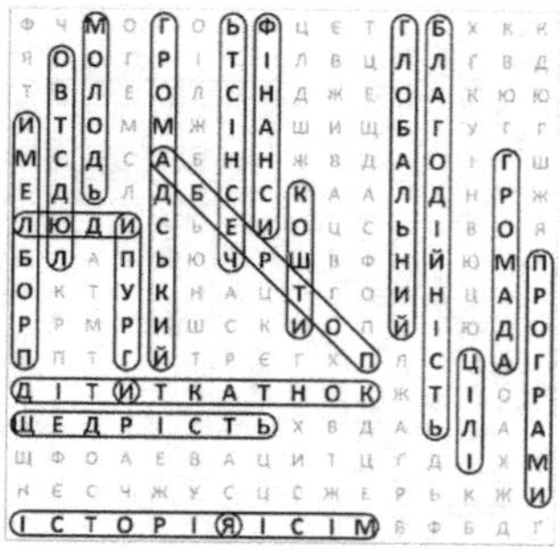

50 - Discipline Scientifiche

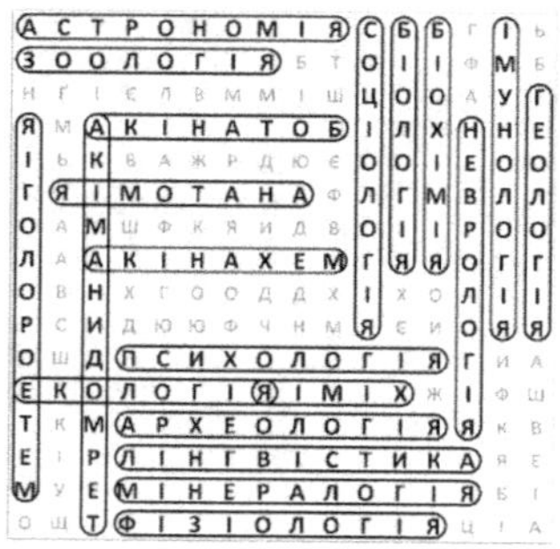

51 - Scienza

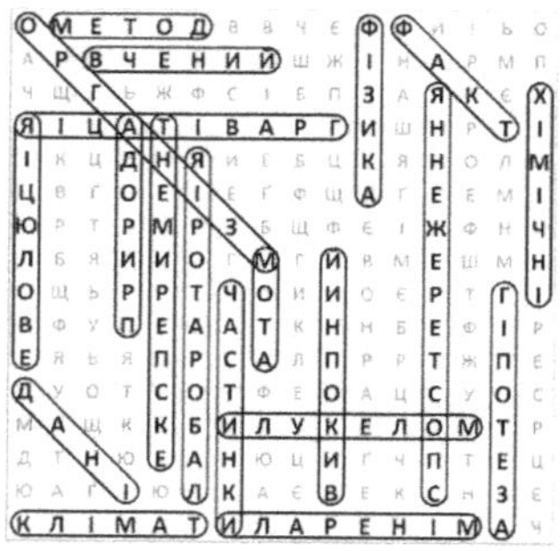

52 - Imbarcazioni

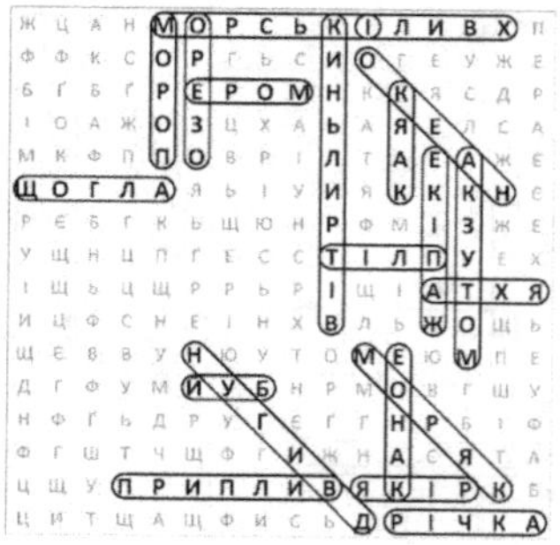

53 - Chimica

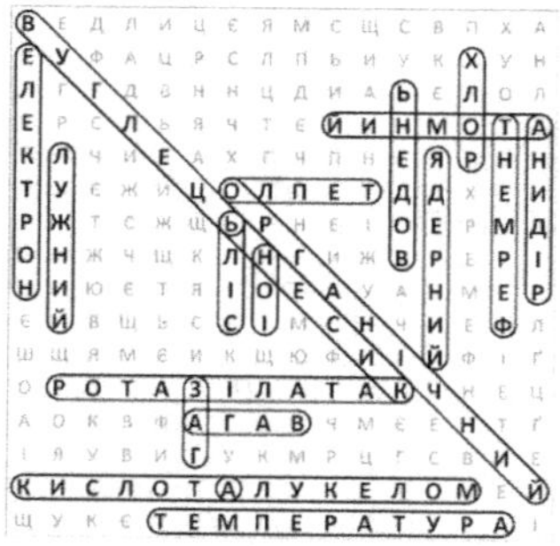

54 - Strumenti Musicali

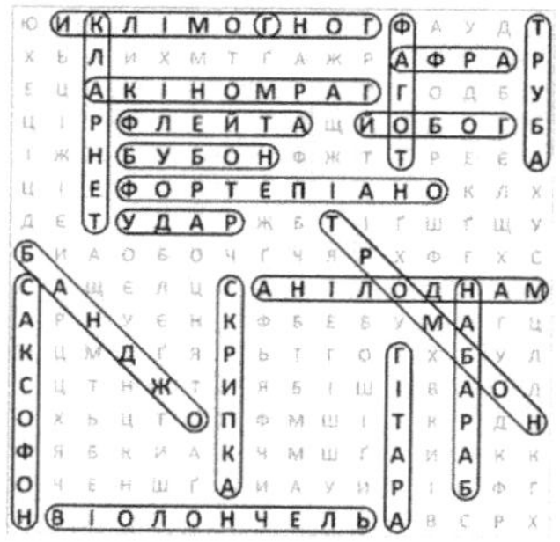

55 - Professioni #2

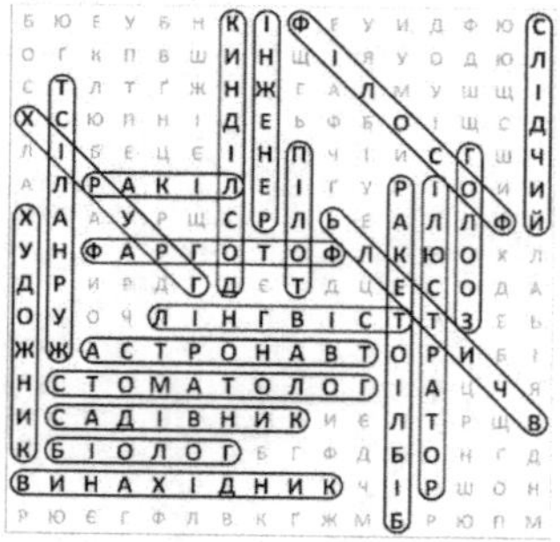

56 - Letteratura

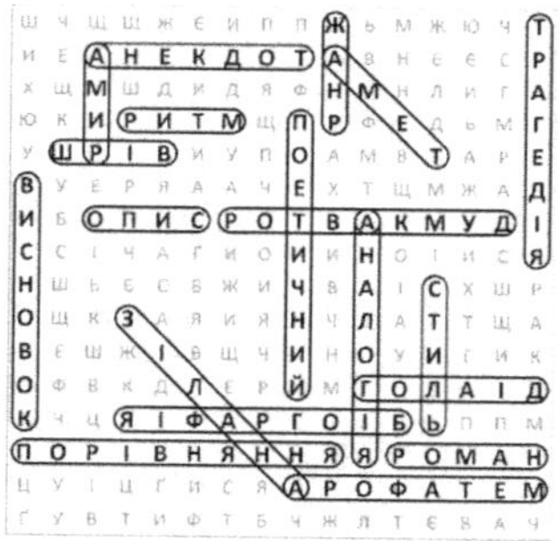

57 - Cibo #2

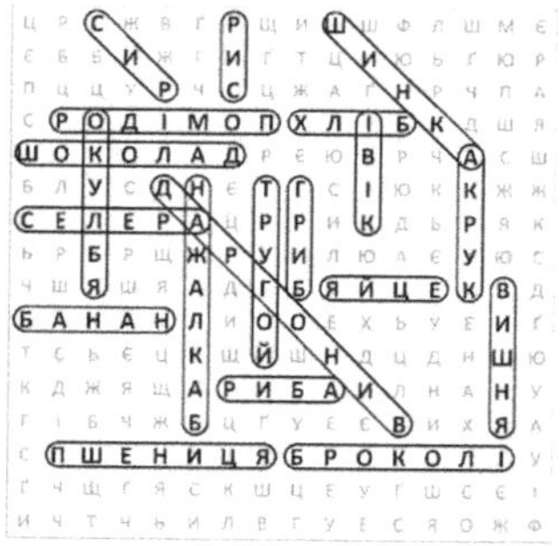

58 - Nutrizione

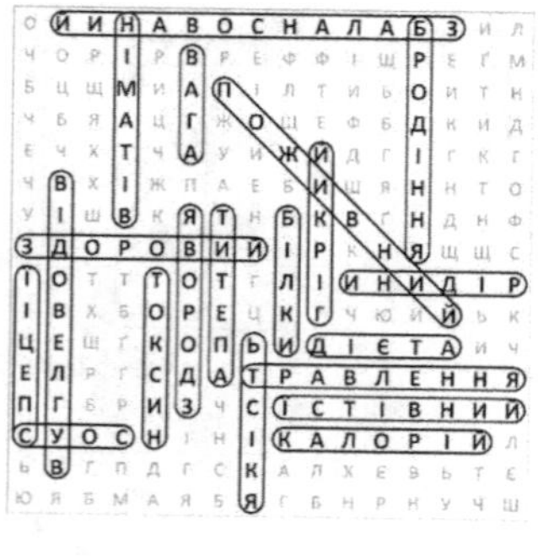

59 - Matematica

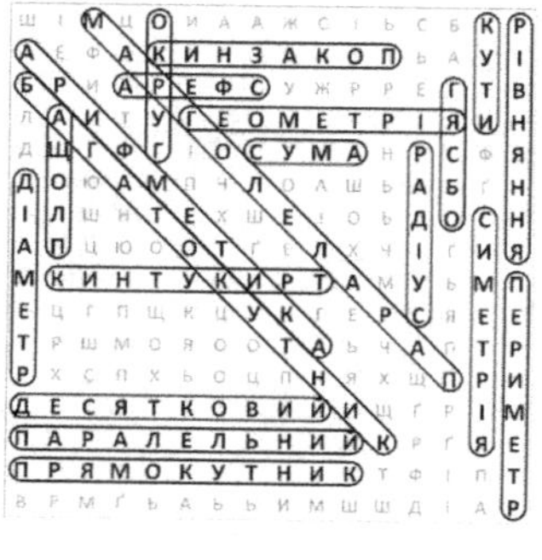

60 - Meditazione

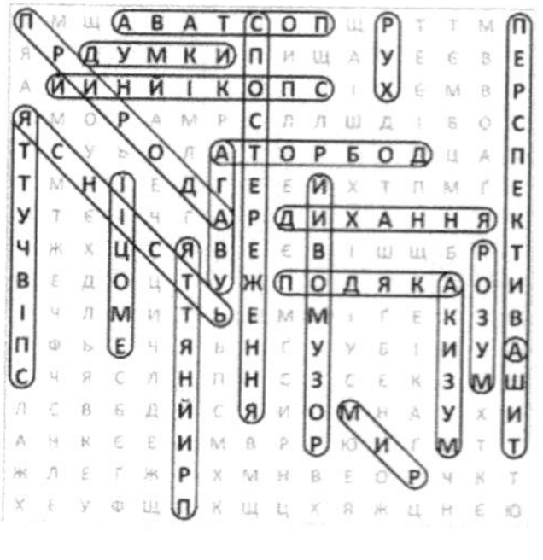

61 - Elettricità

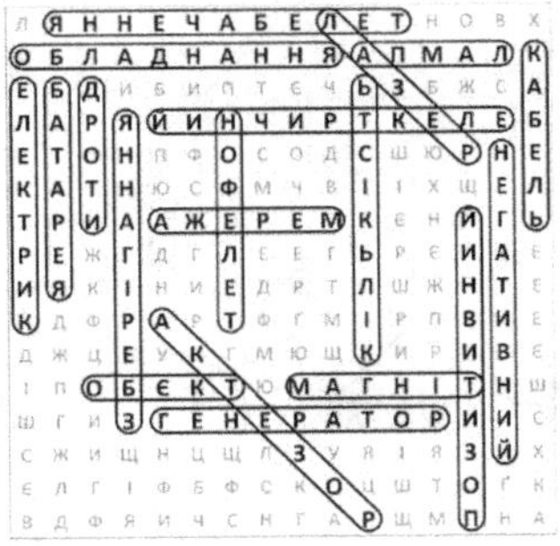

62 - Antiquariato

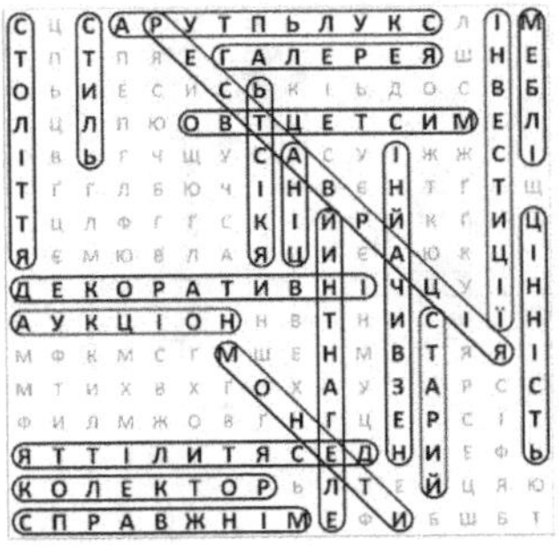

63 - Escursionismo

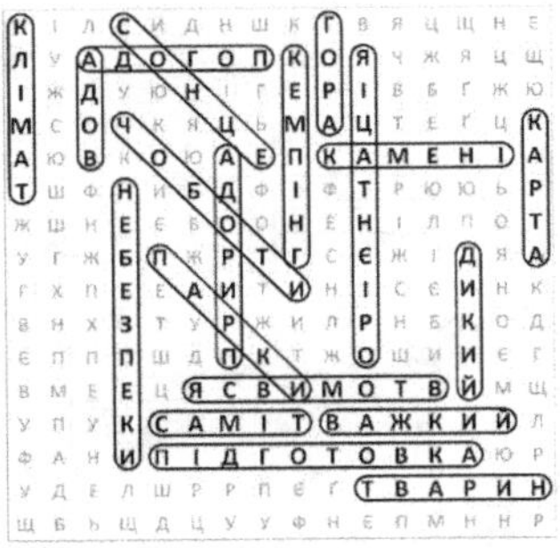

64 - Professioni #1

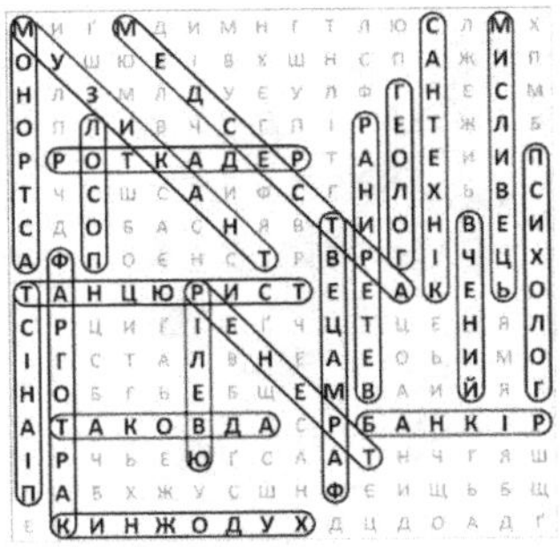

65 - Antartide

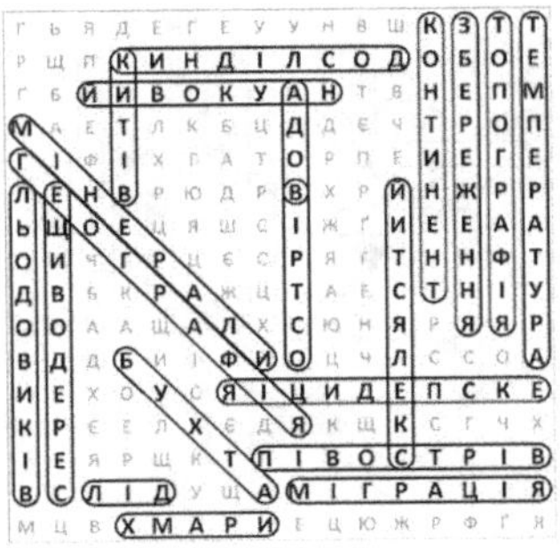

66 - Libri

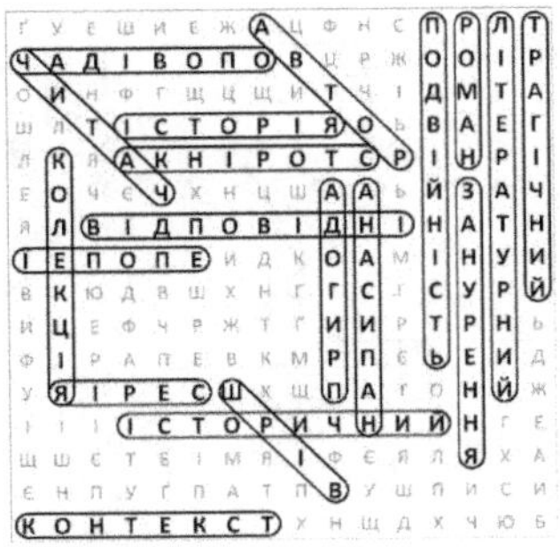

67 - Geografia

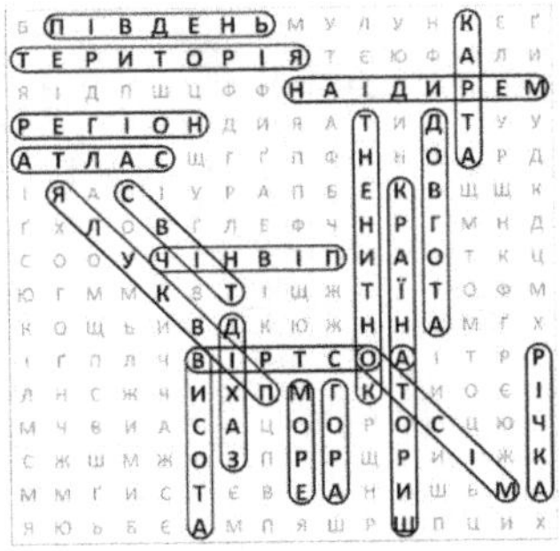

68 - Cibo #1

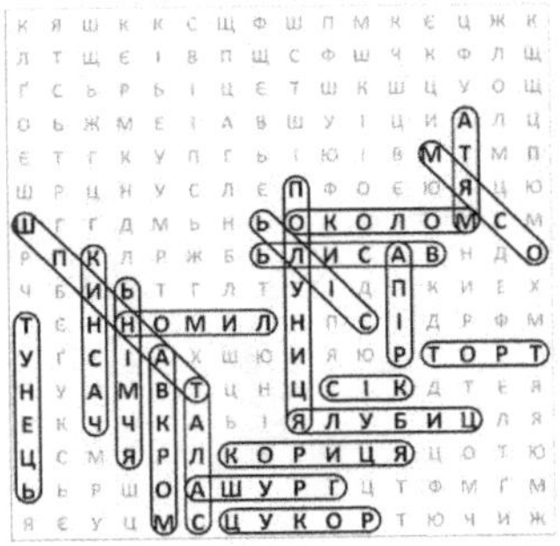

69 - Aeroplani

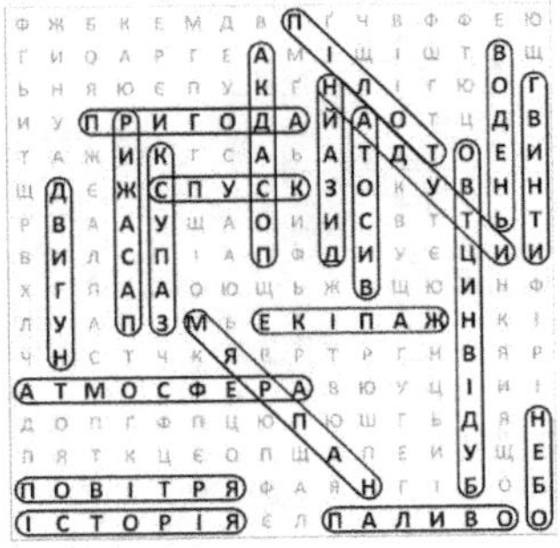

70 - Governo

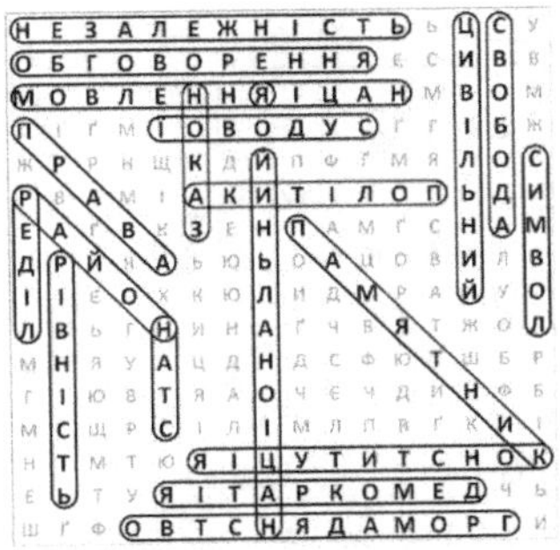

71 - Bellezza

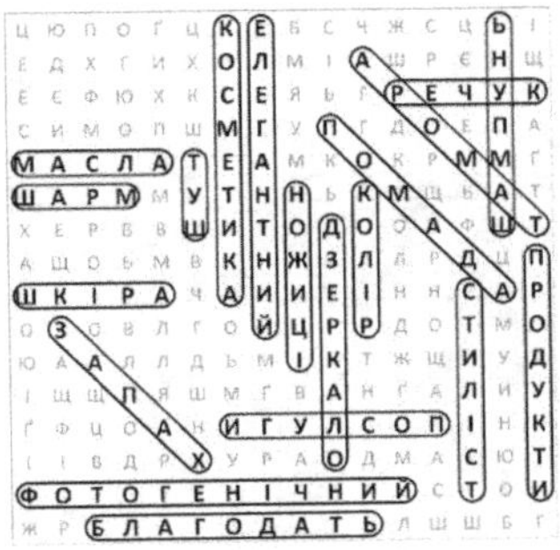

72 - Avventura

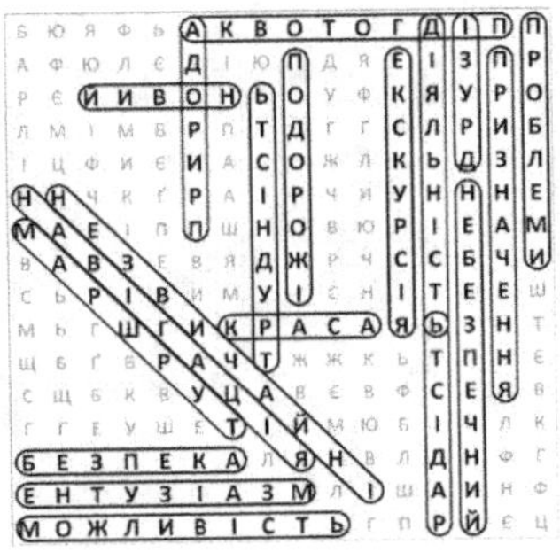

73 - Forme

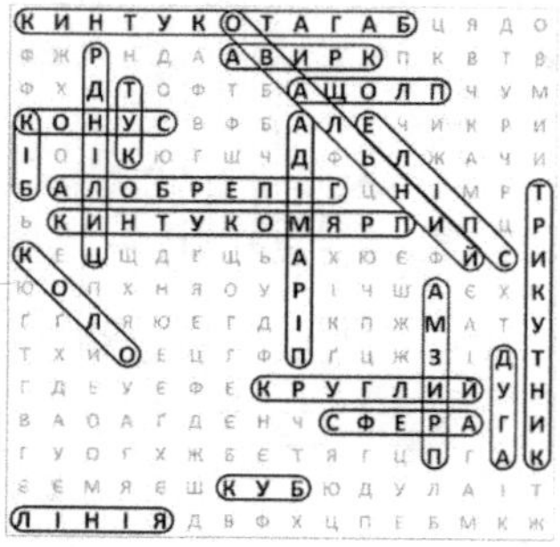

74 - Oceano

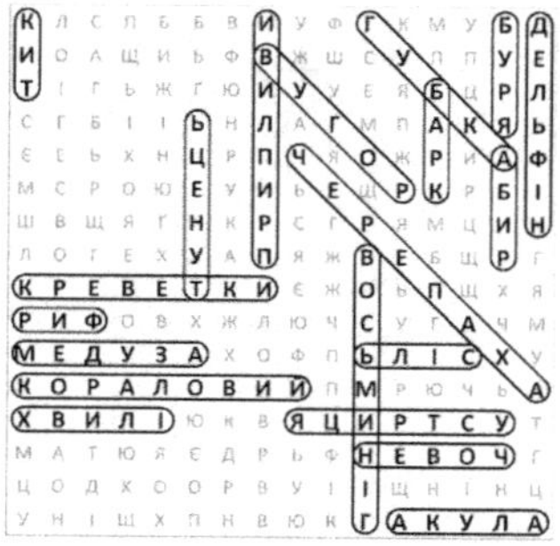

75 - Famiglia

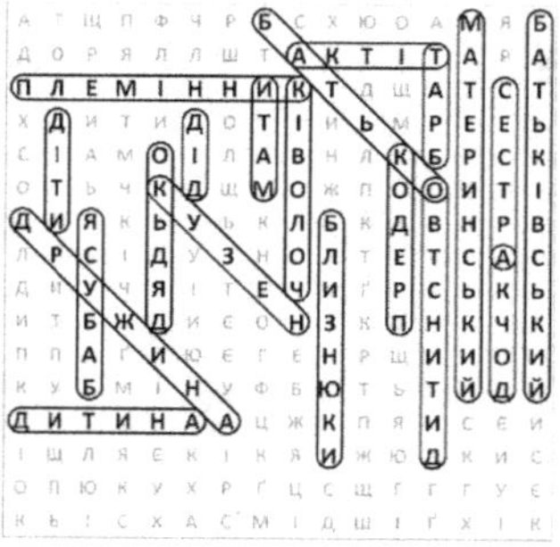

76 - Creatività

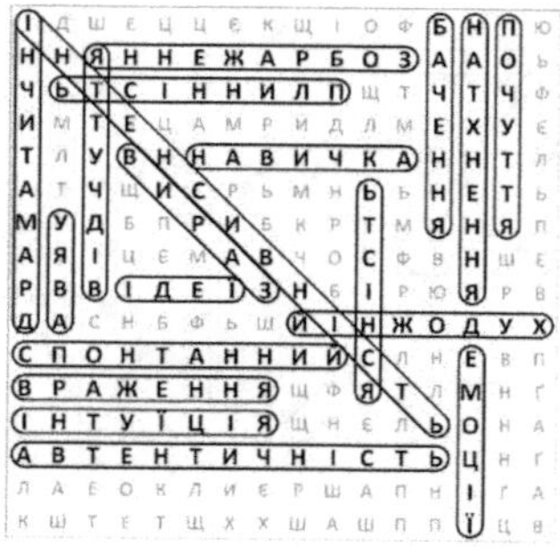

77 - Veicoli

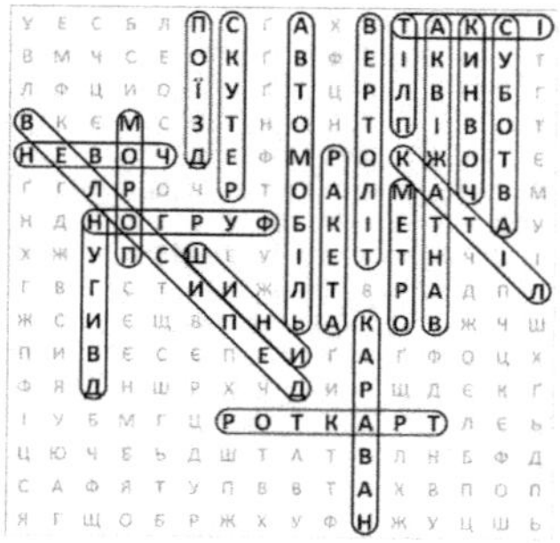

78 - Natura

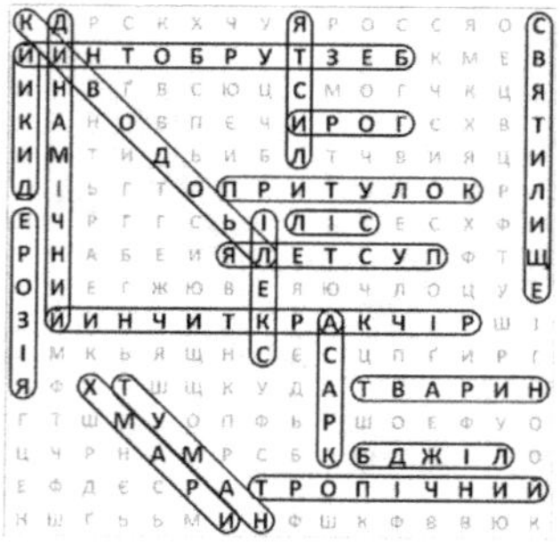

79 - Balletto

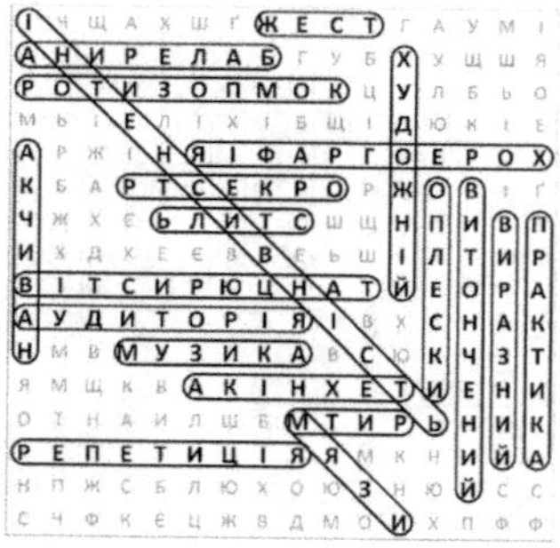

80 - Paesi #1

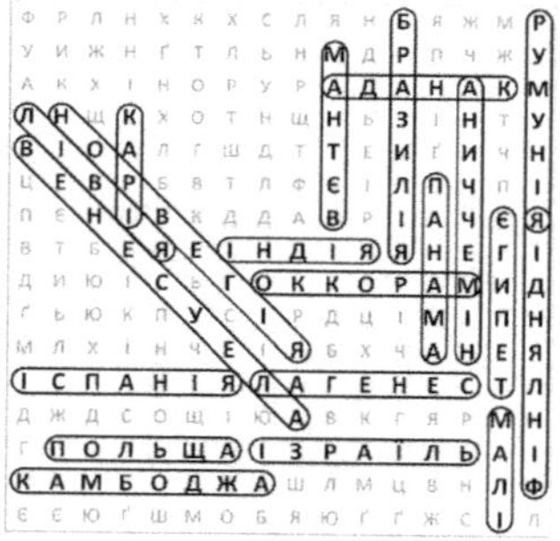

81 - Geometria

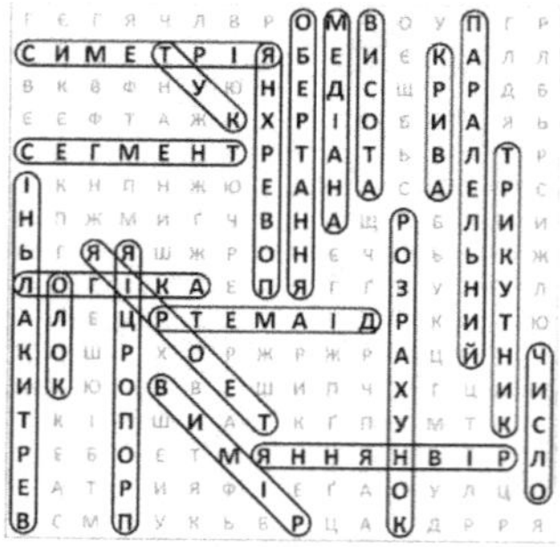

82 - Foresta Pluviale

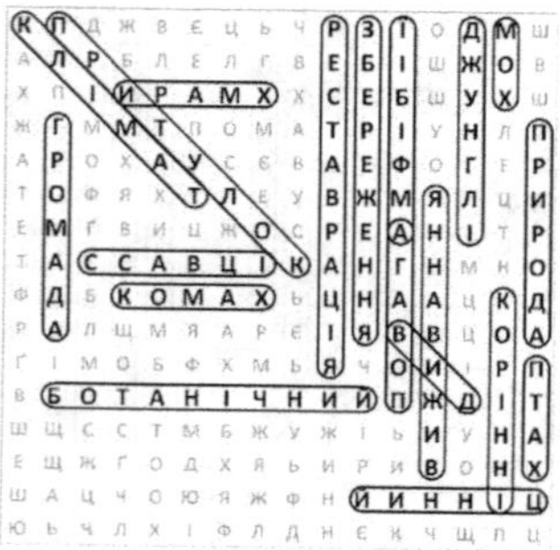

83 - Edifici

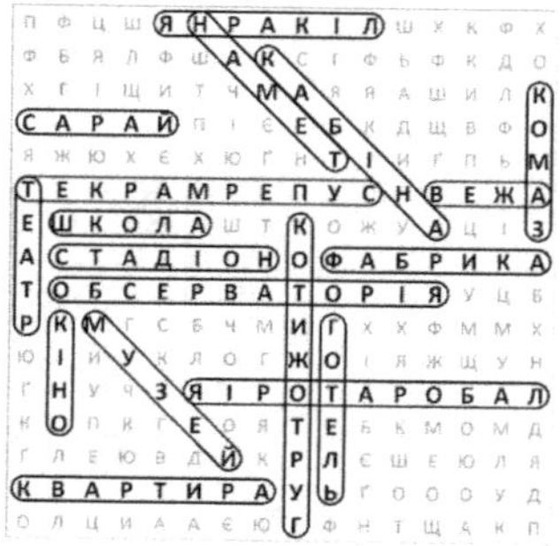

84 - Malattia

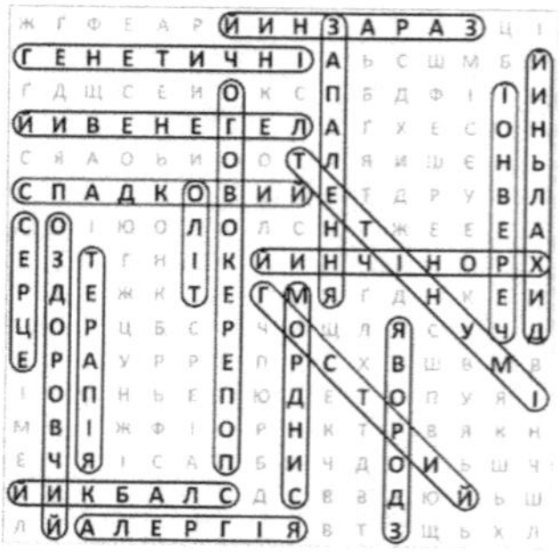

85 - Paesi #2

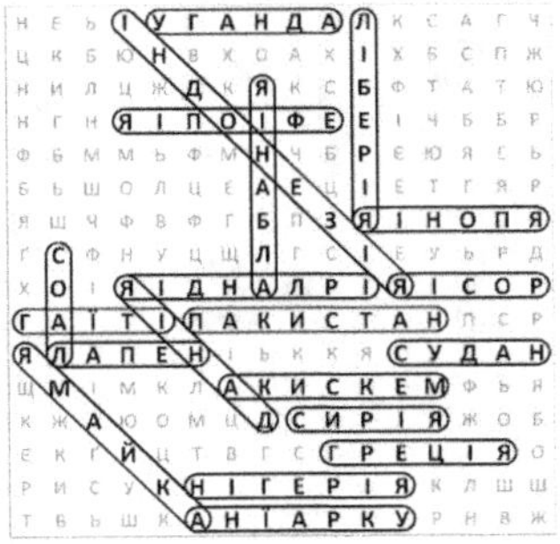

86 - Tipi di Capelli

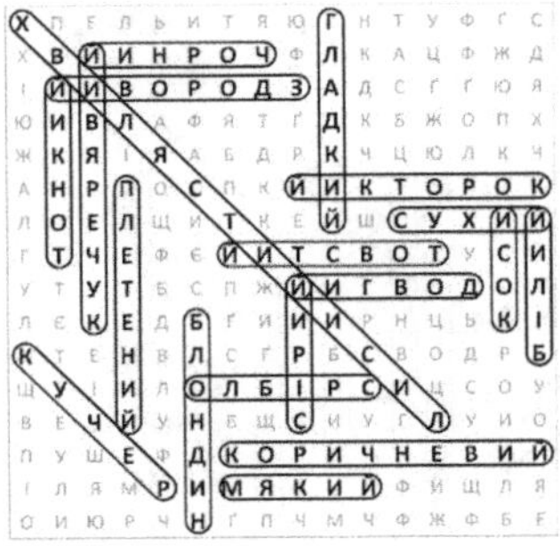

87 - Vestiti

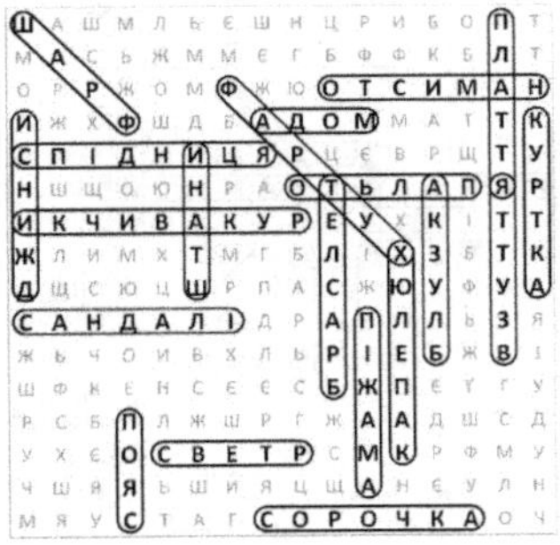

88 - Meteo

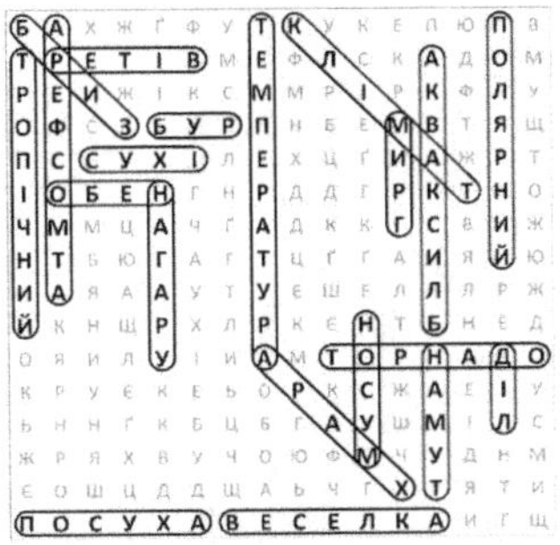

89 - Corpo Umano

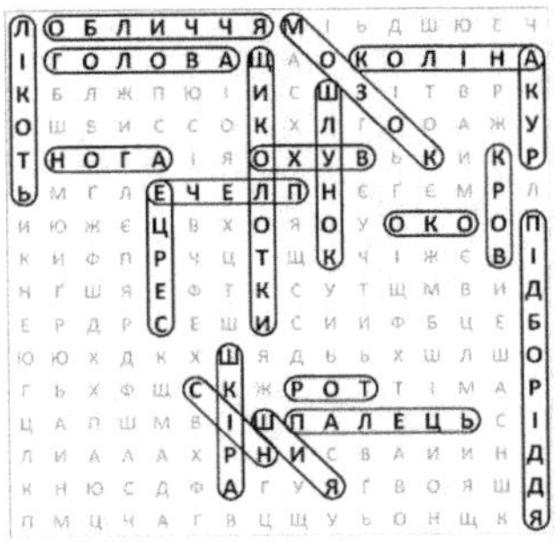

90 - Mammiferi

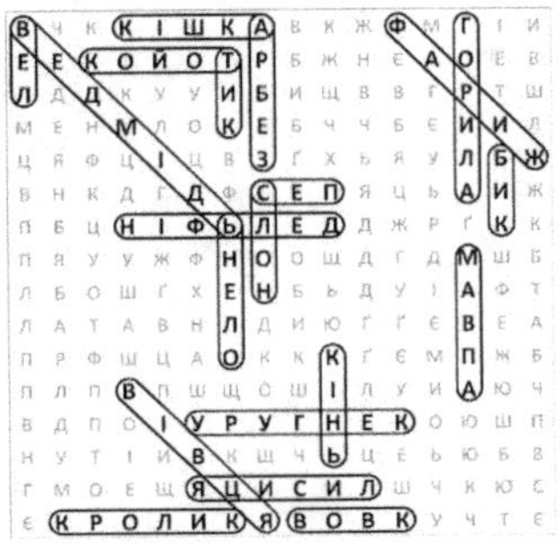

91 - Cucina

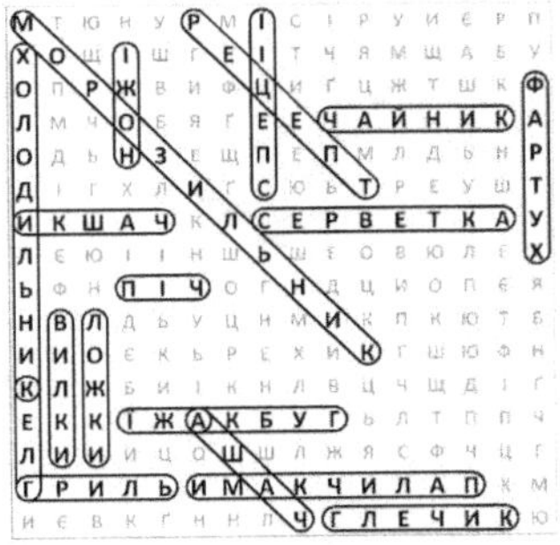

92 - Giardinaggio

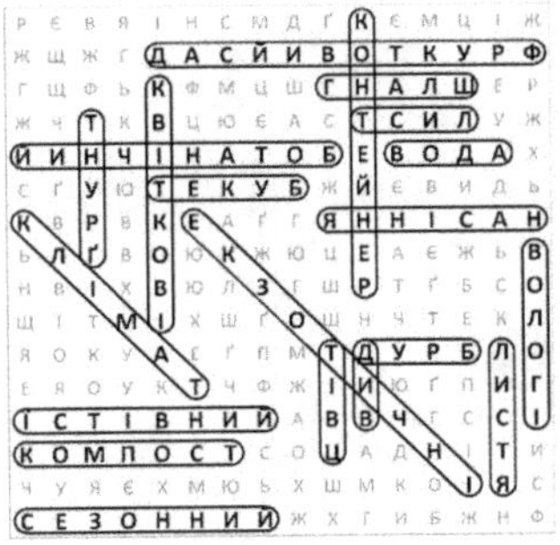

93 - Universo

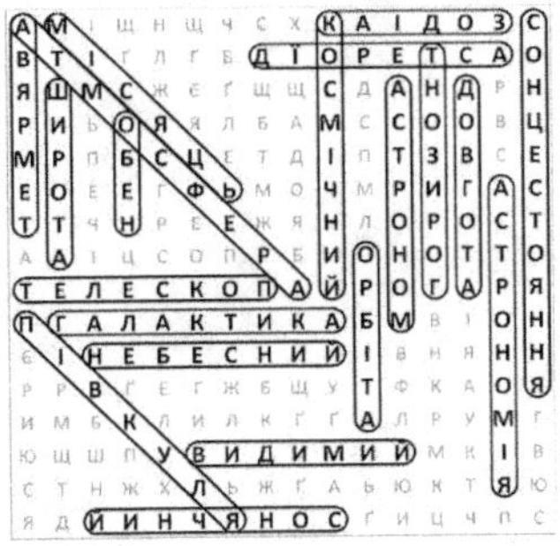

94 - Jazz

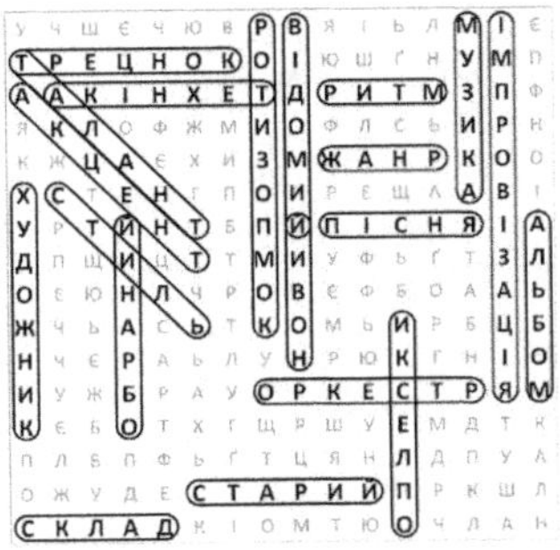

95 - Vacanze #2

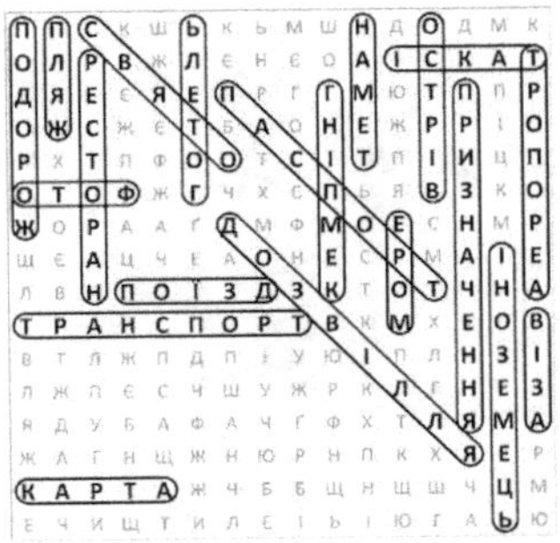

96 - Attività

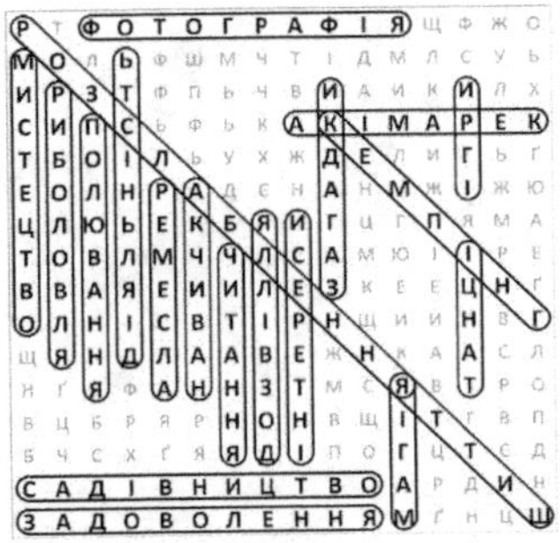

97 - Diplomazia

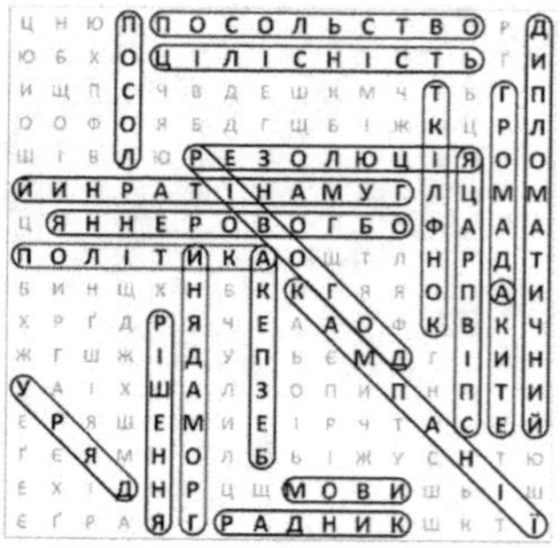

98 - Forniture Artistiche

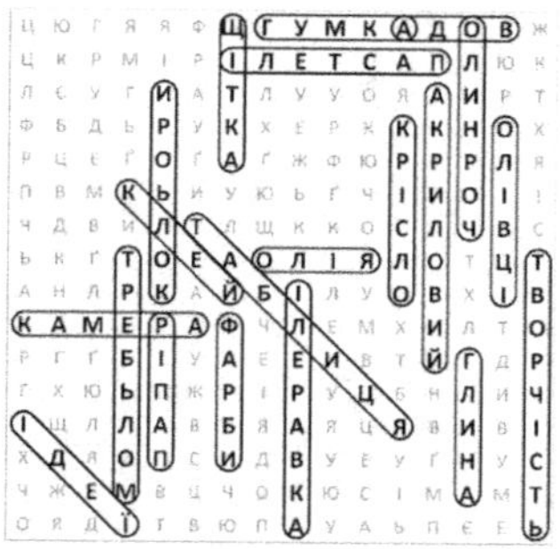

99 - Misurazioni

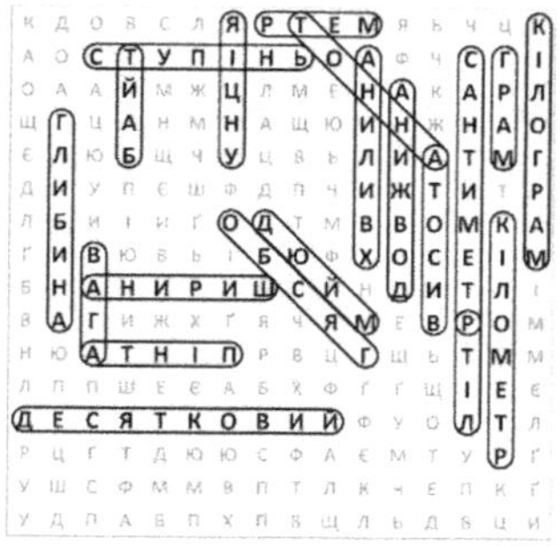

Dizionario

Aeroplani
Літаки

Altezza	Висота
Aria	Повітря
Atmosfera	Атмосфера
Atterraggio	Посадка
Avventura	Пригода
Carburante	Паливо
Cielo	Небо
Costruzione	Будівництво
Design	Дизайн
Direzione	Напрям
Discesa	Спуск
Eliche	Гвинти
Equipaggio	Екіпаж
Gonfiare	Надути
Idrogeno	Водень
Lanciare	Запуск
Motore	Двигун
Passeggero	Пасажир
Pilota	Пілот
Storia	Історія

Aggettivi #1
Прикметники #1

Ambizioso	Амбітні
Aromatico	Ароматичний
Artistico	Художній
Assoluto	Абсолютний
Attivo	Активний
Enorme	Величезний
Esotico	Екзотичні
Generoso	Щедрий
Giovane	Молодий
Grande	Великий
Identico	Ідентичний
Importante	Важливий
Lento	Повільний
Lungo	Довгий
Moderno	Сучасний
Onesto	Чесний
Perfetto	Ідеальний
Pesante	Важкий
Prezioso	Цінний
Sottile	Тонкий

Aggettivi #2
Прикметники #2

Affamato	Голодний
Asciutto	Сухий
Autentico	Справжнім
Caldo	Гаряче
Creativo	Творчий
Descrittivo	Описовий
Dolce	Солодкий
Drammatico	Драматичні
Elegante	Елегантний
Famoso	Відомий
Forte	Сильний
Interessante	Цікавий
Naturale	Природний
Normale	Нормальний
Nuovo	Новий
Orgoglioso	Гордий
Produttivo	Продуктивний
Puro	Чистий
Salato	Солоний
Sano	Здоровий

Agronomia
Агрономія

Acqua	Вода
Agricoltura	Господарство
Ambiente	Середовище
Cibo	Їжа
Crescita	Зростання
Ecologia	Екологія
Energia	Енергія
Erosione	Ерозія
Fertilizzante	Добриво
Identificazione	Ідентифікація
Inquinamento	Забруднення
Malattie	Хвороба
Organico	Органічний
Produzione	Виробництво
Ricerca	Дослідження
Rurale	Сільський
Scienza	Наука
Semi	Насіння
Sistemi	Системи
Suolo	Ґрунт

Algebra
Алгебра

Diagramma	Діаграма
Equazione	Рівняння
Esponente	Показник
Falso	Помилковий
Fattore	Фактор
Formula	Формула
Grafico	Графік
Infinito	Нескінченний
Lineare	Лінійний
Matrice	Матриця
Numero	Число
Parentesi	Дужки
Problema	Проблема
Quantità	Кількість
Semplificare	Спростити
Soluzione	Рішення
Somma	Сума
Sottrazione	Віднімання
Variabile	Змінна
Zero	Нуль

Antartide
Антарктида

Acqua	Вода
Ambiente	Середовище
Baia	Бухта
Balene	Китів
Conservazione	Збереження
Continente	Континент
Geografia	Географія
Ghiacciai	Льодовиків
Ghiaccio	Лід
Isole	Острів
Migrazione	Міграція
Minerali	Мінерали
Nuvole	Хмари
Penisola	Півострів
Ricercatore	Дослідник
Roccioso	Скелястий
Scientifico	Науковий
Spedizione	Експедиція
Temperatura	Температура
Topografia	Топографія

Antiquariato
Антикваріат

Arte	Мистецтво
Asta	Аукціон
Autentico	Справжнім
Collezionista	Колектор
Decenni	Десятиліття
Decorativo	Декоративні
Elegante	Елегантний
Galleria	Галерея
Insolito	Незвичайні
Investimento	Інвестиції
Mobilio	Меблі
Monete	Монети
Prezzo	Ціна
Qualità	Якість
Restauro	Реставрація
Scultura	Скульптура
Secolo	Століття
Stile	Стиль
Valore	Цінність
Vecchio	Старий

Archeologia
Археологія

Analisi	Аналіз
Anni	Років
Civiltà	Цивілізація
Dimenticato	Забутий
Discendente	Нащадка
Era	Ера
Esperto	Експерт
Fossile	Викопний
Frammenti	Фрагменти
Mistero	Таємниця
Oggetti	Об'Єкт
Ossa	Кістки
Professore	Професор
Reliquia	Реліквія
Ricercatore	Дослідник
Sconosciuto	Невідомий
Squadra	Команда
Tempio	Храм
Tomba	Могила
Valutazione	Оцінка

Astronomia
Астрономія

Asteroide	Астероїд
Astronauta	Астронавт
Astronomo	Астроном
Cielo	Небо
Cosmo	Космос
Costellazione	Сузір'Я
Equinozio	Рівнодення
Galassia	Галактика
Gravità	Гравітація
Luna	Місяць
Meteora	Метеор
Nebulosa	Туманність
Osservatorio	Обсерваторія
Pianeta	Планета
Radiazione	Радіація
Razzo	Ракета
Supernova	Наднова
Telescopio	Телескоп
Terra	Земля
Universo	Всесвіт

Attività
Види Діяльності

Abilità	Навичка
Arte	Мистецтво
Artigianato	Ремесла
Attività	Діяльність
Caccia	Полювання
Campeggio	Кемпінг
Ceramica	Кераміка
Cucire	Шиття
Danza	Танці
Fotografia	Фотографія
Giardinaggio	Садівництво
Giochi	Ігри
Interessi	Інтереси
Lettura	Читання
Magia	Магія
Pesca	Риболовля
Piacere	Задоволення
Puzzle	Загадки
Rilassamento	Розслаблення
Tempo Libero	Дозвілля

Attività Commerciale
Бізнес

Bilancio	Бюджет
Carriera	Кар'Єр
Costo	Вартість
Datore di Lavoro	Роботодавець
Dipendente	Працівник
Economia	Економіка
Fabbrica	Фабрика
Finanza	Фінанси
Investimento	Інвестиції
Merce	Товар
Negozio	Магазин
Profitto	Прибуток
Reddito	Дохід
Sconto	Знижка
Società	Компанія
Soldi	Гроші
Transazione	Транзакція
Ufficio	Офіс
Valuta	Валюта
Vendita	Продаж

Avventura
Пригоди

Amici	Друзі
Attività	Діяльність
Bellezza	Краса
Coraggio	Хоробрість
Destinazione	Призначення
Difficoltà	Трудність
Entusiasmo	Ентузіазм
Escursione	Екскурсія
Gioia	Радість
Insolito	Незвичайні
Itinerario	Маршрут
Natura	Природа
Navigazione	Навігація
Nuovo	Новий
Opportunità	Можливість
Pericoloso	Небезпечний
Preparazione	Підготовка
Sfide	Проблеми
Sicurezza	Безпека
Viaggi	Подорожі

Balletto
Балет

Abilità	Навичка
Applauso	Оплески
Artistico	Художній
Ballerina	Балерина
Ballerini	Танцюристів
Compositore	Композитор
Coreografia	Хореографія
Espressivo	Виразний
Gesto	Жест
Grazioso	Витончений
Intensità	Інтенсивність
Muscoli	М'Язи
Musica	Музика
Orchestra	Оркестр
Pratica	Практика
Prova	Репетиція
Pubblico	Аудиторія
Ritmo	Ритм
Stile	Стиль
Tecnica	Техніка

Barbecue
Барбекю

Caldo	Гаряче
Cena	Вечеря
Cibo	Їжа
Cipolle	Цибуля
Coltelli	Ножі
Estate	Літо
Fame	Голод
Famiglia	Родина
Frutta	Фрукт
Giochi	Ігри
Griglia	Гриль
Insalate	Салати
Invito	Запрошення
Musica	Музика
Pepe	Перець
Pollo	Курка
Pomodori	Помідори
Pranzo	Обід
Sale	Сіль
Salsa	Соус

Bellezza
Краса

Colore	Колір
Cosmetici	Косметика
Elegante	Елегантний
Eleganza	Елегантність
Fascino	Шарм
Forbici	Ножиці
Fotogenico	Фотогенічний
Fragranza	Аромат
Grazia	Благодать
Mascara	Туш
Oli	Масла
Pelle	Шкіра
Prodotti	Продукти
Profumo	Запах
Riccioli	Кучер
Rossetto	Помада
Servizi	Послуги
Shampoo	Шампунь
Specchio	Дзеркало
Stilista	Стиліст

Biologia
Біології

Anatomia	Анатомія
Batteri	Бактерії
Cellula	Комірка
Collagene	Колаген
Cromosoma	Хромосома
Embrione	Ембріон
Enzima	Фермент
Evoluzione	Еволюція
Fotosintesi	Фотосинтез
Mammifero	Ссавець
Mutazione	Мутація
Naturale	Природний
Nervo	Нерв
Neurone	Нейрон
Ormone	Гормон
Osmosi	Осмос
Proteina	Білок
Rettile	Рептилія
Simbiosi	Симбіоз
Sinapsi	Синапс

Campeggio
Кемпінг

Alberi	Дерева
Amaca	Гамак
Animali	Тварин
Avventura	Пригода
Bussola	Компас
Cabina	Кабіна
Caccia	Полювання
Canoa	Каное
Cappello	Капелюх
Corda	Мотузка
Divertimento	Веселощі
Foresta	Ліс
Fuoco	Вогонь
Insetto	Комаха
Lago	Озеро
Luna	Місяць
Mappa	Карта
Montagna	Гора
Natura	Природа
Tenda	Намет

Casa
Будинок

Attico	Горище
Biblioteca	Бібліотека
Camera	Кімната
Camino	Камін
Cucina	Кухня
Doccia	Душ
Finestra	Вікно
Garage	Гараж
Giardino	Сад
Lampada	Лампа
Parete	Стіна
Pavimento	Поверх
Porta	Двері
Recinto	Паркан
Rubinetto	Кран
Scopa	Мітла
Soffitto	Стеля
Specchio	Дзеркало
Tappeto	Килимок
Tetto	Дах

Chimica
Хімія

Acido	Кислота
Alcalino	Лужний
Atomico	Атомний
Calore	Тепло
Carbonio	Вуглець
Catalizzatore	Каталізатор
Cloro	Хлор
Elettrone	Електрон
Enzima	Фермент
Gas	Газ
Idrogeno	Водень
Ione	Іон
Liquido	Рідина
Molecola	Молекула
Nucleare	Ядерний
Organico	Органічний
Ossigeno	Кисень
Peso	Вага
Sale	Сіль
Temperatura	Температура

Cibo #1
Харчування #1

Aglio	Часник
Basilico	Василь
Cannella	Кориця
Carne	М'Ясо
Carota	Морква
Cipolla	Цибуля
Fragola	Полуниця
Insalata	Салат
Latte	Молоко
Limone	Лимон
Menta	М'Ята
Orzo	Ячмінь
Pera	Груша
Rapa	Ріпа
Sale	Сіль
Spinaci	Шпинат
Succo	Сік
Tonno	Тунець
Torta	Торт
Zucchero	Цукор

Cibo #2
Харчування #2

Banana	Банан
Broccolo	Броколі
Ciliegia	Вишня
Cioccolato	Шоколад
Formaggio	Сир
Fungo	Гриб
Grano	Пшениця
Kiwi	Ківі
Mela	Яблуко
Melanzana	Баклажан
Pane	Хліб
Pesce	Риба
Pollo	Курка
Pomodoro	Помідор
Prosciutto	Шинка
Riso	Рис
Sedano	Селера
Uovo	Яйце
Uva	Виноград
Yogurt	Йогурт

Cioccolato
Шоколад

Amaro	Гіркий
Antiossidante	Антиоксидант
Arachidi	Арахіс
Cacao	Какао
Calorie	Калорій
Caramella	Цукерки
Caramello	Карамель
Delizioso	Смачний
Dolce	Солодкий
Esotico	Екзотичні
Gusto	Смак
Gusto	Аромат
Ingrediente	Інгредієнт
Noce di Cocco	Кокос
Polvere	Порошок
Preferito	Улюблений
Qualità	Якість
Ricetta	Рецепт
Zucchero	Цукор

Città
Місто

Aeroporto	Аеропорт
Banca	Банк
Biblioteca	Бібліотека
Cinema	Кіно
Clinica	Клініка
Farmacia	Аптека
Fiorista	Флорист
Galleria	Галерея
Hotel	Готель
Mercato	Ринок
Museo	Музей
Negozio	Магазин
Panetteria	Пекарня
Ristorante	Ресторан
Scuola	Школа
Stadio	Стадіон
Supermercato	Супермаркет
Teatro	Театр
Università	Університет
Zoo	Зоопарк

Corpo Umano
Людське Тіло

Bocca	Рот
Caviglia	Щиколотки
Cervello	Мозок
Collo	Шия
Cuore	Серце
Dito	Палець
Faccia	Обличчя
Gamba	Нога
Ginocchio	Коліна
Gomito	Лікоть
Mano	Рука
Mento	Підборіддя
Naso	Ніс
Occhio	Око
Orecchio	Вухо
Pelle	Шкіра
Sangue	Кров
Spalla	Плече
Stomaco	Шлунок
Testa	Голова

Creatività
Творчість

Abilità	Навичка
Artistico	Художній
Autenticità	Автентичність
Chiarezza	Ясність
Drammatico	Драматичні
Emozioni	Емоції
Espressione	Вираз
Fluidità	Плинність
Idee	Ідеї
Immaginazione	Уява
Immagine	Зображення
Impressione	Враження
Intensità	Інтенсивність
Intuizione	Інтуїція
Ispirazione	Натхнення
Sensazione	Відчуття
Sentimenti	Почуття
Spontaneo	Спонтанний
Visioni	Бачення

Cucina
Кухня

Bacchette	Паличками
Bollitore	Чайник
Brocca	Глечик
Cibo	Їжа
Ciotola	Чаша
Coltelli	Ножі
Congelatore	Морозильник
Cucchiai	Ложки
Forchette	Вилки
Forno	Піч
Frigorifero	Холодильник
Grembiule	Фартух
Griglia	Гриль
Ricetta	Рецепт
Spezie	Спеції
Spugna	Губка
Tazze	Чашки
Tovagliolo	Серветка
Vaso	Глек

Danza
Танець

Accademia	Академія
Arte	Мистецтво
Classico	Класичний
Compagno	Партнер
Coreografia	Хореографія
Corpo	Тіло
Cultura	Культура
Culturale	Культурний
Emozione	Емоція
Espressivo	Виразний
Gioioso	Радісний
Grazia	Благодать
Movimento	Рух
Musica	Музика
Postura	Постава
Prova	Репетиція
Ritmo	Ритм
Tradizionale	Традиційний
Visivo	Візуальний

Diplomazia
Дипломатія

Ambasciata	Посольство
Ambasciatore	Посол
Campagne	Кампанії
Cittadini	Громадяни
Comunità	Громада
Conflitto	Конфлікт
Consigliere	Радник
Cooperazione	Співпраця
Diplomatico	Дипломатичний
Discussione	Обговорення
Etica	Етика
Governo	Уряд
Integrità	Цілісність
Lingue	Мови
Politica	Політика
Risoluzione	Резолюція
Sicurezza	Безпека
Soluzione	Рішення
Trattato	Договір
Umanitario	Гуманітарний

Discipline Scientifiche
Наукові Дисципліни

Anatomia	Анатомія
Archeologia	Археологія
Astronomia	Астрономія
Biochimica	Біохімія
Biologia	Біологія
Botanica	Ботаніка
Chimica	Хімія
Ecologia	Екологія
Fisiologia	Фізіологія
Geologia	Геологія
Immunologia	Імунологія
Linguistica	Лінгвістика
Meccanica	Механіка
Meteorologia	Метеорологія
Mineralogia	Мінералогія
Neurologia	Неврологія
Psicologia	Психологія
Sociologia	Соціологія
Termodinamica	Термодинаміка
Zoologia	Зоологія

Edifici
Будинки

Ambasciata	Посольство
Appartamento	Квартира
Cabina	Кабіна
Castello	Замок
Cinema	Кіно
Fabbrica	Фабрика
Fienile	Сарай
Hotel	Готель
Laboratorio	Лабораторія
Museo	Музей
Ospedale	Лікарня
Osservatorio	Обсерваторія
Ostello	Гуртожиток
Scuola	Школа
Stadio	Стадіон
Supermercato	Супермаркет
Teatro	Театр
Tenda	Намет
Torre	Вежа
Università	Університет

Elettricità
Електрика

Attrezzatura	Обладнання
Batteria	Батарея
Cavo	Кабель
Conservazione	Зберігання
Elettricista	Електрик
Elettrico	Електричний
Fili	Дроти
Generatore	Генератор
Lampada	Лампа
Laser	Лазер
Magnete	Магніт
Negativo	Негативний
Oggetti	Об'Єкт
Positivo	Позитивний
Presa	Розетка
Quantità	Кількість
Rete	Мережа
Telefono	Телефон
Televisione	Телебачення

Energia
Енергія

Ambiente	Середовище
Batteria	Батарея
Benzina	Бензин
Calore	Тепло
Carbonio	Вуглець
Carburante	Паливо
Diesel	Дизель
Elettrico	Електричний
Elettrone	Електрон
Entropia	Ентропія
Fotone	Фотон
Idrogeno	Водень
Industria	Промисловості
Inquinamento	Забруднення
Motore	Двигун
Nucleare	Ядерний
Rinnovabile	Поновлюваних
Turbina	Турбіна
Vapore	Пар
Vento	Вітер

Erboristeria
Травотравизм

Aglio	Часник
Aneto	Кріп
Aromatico	Ароматичний
Basilico	Василь
Culinario	Кулінарні
Dragoncello	Естрагон
Finocchio	Фенхель
Fiore	Квітка
Giardino	Сад
Ingrediente	Інгредієнт
Lavanda	Лаванда
Maggiorana	Майоран
Menta	М'Ята
Origano	Орегано
Prezzemolo	Петрушка
Qualità	Якість
Rosmarino	Розмарин
Timo	Чебрець
Verde	Зелений
Zafferano	Шафран

Escursionismo
Походи

Acqua	Вода
Animali	Тварин
Campeggio	Кемпінг
Clima	Клімат
Mappa	Карта
Meteo	Погода
Montagna	Гора
Natura	Природа
Orientamento	Орієнтація
Parchi	Парки
Pericoli	Небезпеки
Pesante	Важкий
Pietre	Камені
Preparazione	Підготовка
Selvaggio	Дикий
Sole	Сонце
Stanco	Втомився
Stivali	Чоботи
Vertice	Саміт

Famiglia
Сімейний

Antenato	Предок
Bambini	Діти
Bambino	Дитина
Cugino	Кузен
Figlia	Дочка
Fratello	Брат
Gemelli	Близнюки
Infanzia	Дитинство
Madre	Мати
Marito	Чоловік
Materno	Материнський
Moglie	Дружина
Nipote	Племінник
Nonna	Бабуся
Nonno	Дід
Padre	Батько
Paterno	Батьківський
Sorella	Сестра
Zia	Тітка
Zio	Дядько

Fantascienza
Наукова Фантастика

Atomico	Атомний
Cinema	Кіно
Distopia	Антиутопія
Esplosione	Вибух
Fantastico	Фантастичний
Fuoco	Вогонь
Futuristico	Футуристичний
Galassia	Галактика
Illusione	Ілюзія
Immaginario	Уявний
Libri	Книги
Misterioso	Таємничий
Mondo	Світ
Oracolo	Оракул
Pianeta	Планета
Realistico	Реалістичний
Robot	Роботи
Scenario	Сценарій
Tecnologia	Технологія
Utopia	Утопія

Fattoria #1
Ферма #1

Acqua	Вода
Ape	Бджола
Asino	Осел
Campo	Поле
Cane	Пес
Capra	Коза
Cavallo	Кінь
Fertilizzante	Добриво
Fieno	Сіно
Gatto	Кішка
Gregge	Зграя
Maiale	Свиня
Miele	Мед
Mucca	Корова
Pollo	Курка
Recinto	Паркан
Riso	Рис
Semi	Насіння
Terra	Земля
Vitello	Теля

Fattoria #2
Ферма #2

Agnello	Ягня
Agricoltore	Фермер
Alveare	Вулик
Anatra	Качка
Animali	Тварин
Cibo	Їжа
Fienile	Сарай
Frutta	Фрукт
Frutteto	Фруктовий Сад
Grano	Пшениця
Irrigazione	Зрошення
Lama	Лама
Latte	Молоко
Mais	Кукурудза
Oche	Гуси
Orzo	Ячмінь
Pastore	Пастух
Pecora	Вівця
Prato	Луг
Trattore	Трактор

Filantropia
Благодійність

Bambini	Діти
Bisogno	Потреба
Carità	Благодійність
Comunità	Громада
Contatti	Контакти
Finanza	Фінанси
Fondi	Кошти
Generosità	Щедрість
Gioventù	Молодь
Globale	Глобальний
Gruppi	Групи
Missione	Місія
Obiettivi	Цілі
Onestà	Чесність
Persone	Люди
Programmi	Програми
Pubblico	Громадський
Sfide	Проблеми
Storia	Історія
Umanità	Людство

Fiori
Квіти

Calendula	Календула
Dente di Leone	Кульбаба
Gardenia	Гарденія
Gelsomino	Жасмин
Giglio	Лілія
Girasole	Соняшник
Ibisco	Гібіскус
Lavanda	Лаванда
Lilla	Бузок
Magnolia	Магнолія
Margherita	Ромашка
Mazzo	Букет
Orchidea	Орхідея
Papavero	Мак
Peonia	Півонія
Petalo	Пелюстка
Plumeria	Плюмерія
Rosa	Троянда
Trifoglio	Конюшина
Tulipano	Тюльпан

Fisica
Фізика

Accelerazione	Прискорення
Atomo	Атом
Caos	Хаос
Chimico	Хімічні
Densità	Щільність
Elettrone	Електрон
Espansione	Розширення
Formula	Формула
Frequenza	Частота
Gas	Газ
Gravità	Гравітація
Magnetismo	Магнетизм
Meccanica	Механіка
Molecola	Молекула
Motore	Двигун
Nucleare	Ядерний
Particella	Частинка
Relatività	Відносність
Universale	Універсальний
Velocità	Швидкість

Foresta Pluviale
Тропічний Ліс

Anfibi	Амфібії
Botanico	Ботанічний
Clima	Клімат
Comunità	Громада
Giungla	Джунглі
Indigeno	Корінні
Insetti	Комах
Mammiferi	Ссавці
Muschio	Мох
Natura	Природа
Nuvole	Хмари
Preservazione	Збереження
Prezioso	Цінний
Restauro	Реставрація
Rifugio	Притулок
Rispetto	Повага
Sopravvivenza	Виживання
Specie	Вид
Uccelli	Птах

Forme

Форми

Angolo	Кут
Arco	Дуга
Cerchio	Коло
Cilindro	Циліндр
Cono	Конус
Cubo	Куб
Curva	Крива
Ellisse	Еліпс
Iperbole	Гіпербола
Lato	Бік
Linea	Лінія
Ovale	Овальний
Piramide	Піраміда
Poligono	Багатокутник
Prisma	Призма
Quadrato	Площа
Rettangolo	Прямокутник
Rotondo	Круглий
Sfera	Сфера
Triangolo	Трикутник

Forniture Artistiche

Художні Товари

Acqua	Вода
Acquerelli	Акварелі
Acrilico	Акриловий
Argilla	Глина
Carta	Папір
Cavalletto	Мольберт
Colla	Клей
Colori	Кольори
Creatività	Творчість
Gomma	Гумка
Idee	Ідеї
Inchiostro	Чорнило
Matite	Олівці
Olio	Олія
Pastelli	Пастелі
Sedia	Крісло
Spazzole	Щітка
Tavolo	Таблиця
Telecamera	Камера
Vernici	Фарби

Forza e Gravità

Сила і Гравітація

Asse	Вісь
Attrito	Тертя
Centro	Центр
Dinamico	Динамічний
Distanza	Відстань
Espansione	Розширення
Fisica	Фізика
Impatto	Вплив
Magnetismo	Магнетизм
Meccanica	Механіка
Movimento	Рух
Orbita	Орбіта
Peso	Вага
Pianeti	Планет
Pressione	Тиск
Proprietà	Властивості
Scoperta	Відкриття
Tempo	Час
Universale	Універсальний
Velocità	Швидкість

Frutta

Фрукти

Albicocca	Абрикос
Ananas	Ананас
Arancia	Оранжевий
Avocado	Авокадо
Bacca	Ягода
Banana	Банан
Ciliegia	Вишня
Kiwi	Ківі
Lampone	Малина
Limone	Лимон
Mango	Манго
Mela	Яблуко
Melone	Диня
Mora	Ожина
Nettarina	Нектарин
Papaia	Папайя
Pera	Груша
Pesca	Персик
Prugna	Слива
Uva	Виноград

Geografia

Географія

Altitudine	Висота
Atlante	Атлас
Città	Місто
Continente	Континент
Emisfero	Півкуля
Fiume	Річка
Isola	Острів
Latitudine	Широта
Longitudine	Довгота
Mappa	Карта
Mare	Море
Meridiano	Меридіан
Mondo	Світ
Montagna	Гора
Nord	Північ
Ovest	Захід
Paese	Країна
Regione	Регіон
Sud	Південь
Territorio	Територія

Geologia

Геологія

Acido	Кислота
Altopiano	Плато
Calcio	Кальцій
Caverna	Печера
Continente	Континент
Corallo	Кораловий
Cristalli	Кристали
Erosione	Ерозія
Fossile	Викопний
Geyser	Гейзер
Lava	Лава
Minerali	Мінерали
Pietra	Камінь
Quarzo	Кварц
Sale	Сіль
Stalagmiti	Сталагміти
Stalattite	Сталактит
Strato	Шар
Terremoto	Землетрус
Vulcano	Вулкан

Geometria
Геометрія

Altezza	Висота
Angolo	Кут
Calcolo	Розрахунок
Cerchio	Коло
Curva	Крива
Diametro	Діаметр
Dimensione	Вимір
Equazione	Рівняння
Logica	Логіка
Mediano	Медіана
Numero	Число
Parallelo	Паралельний
Proporzione	Пропорція
Rotazione	Обертання
Segmento	Сегмент
Simmetria	Симетрія
Superficie	Поверхня
Teoria	Теорія
Triangolo	Трикутник
Verticale	Вертикальні

Giardinaggio
Садівництво

Acqua	Вода
Botanico	Ботанічний
Clima	Клімат
Commestibile	Їстівний
Compost	Компост
Contenitore	Контейнер
Esotico	Екзотичні
Fiorire	Цвіт
Floreale	Квіткові
Foglia	Лист
Fogliame	Листя
Frutteto	Фруктовий Сад
Mazzo	Букет
Semi	Насіння
Specie	Вид
Sporco	Бруд
Stagionale	Сезонний
Suolo	Ґрунт
Tubo	Шланг
Umidità	Вологі

Giardino
Сад

Albero	Дерево
Amaca	Гамак
Cespuglio	Кущ
Erba	Трава
Erbacce	Бур'Янів
Fiore	Квітка
Frutteto	Фруктовий Сад
Garage	Гараж
Giardino	Сад
Pala	Лопата
Panca	Лава
Prato	Газон
Rastrello	Граблі
Recinto	Паркан
Stagno	Ставок
Suolo	Ґрунт
Terrazza	Тераса
Trampolino	Батут
Tubo	Шланг
Vite	Лоза

Giorni e Mesi
Дні та Місяці

Agosto	Серпень
Anno	Рік
Aprile	Квітень
Calendario	Календар
Dicembre	Грудень
Domenica	Неділя
Febbraio	Лютий
Gennaio	Січень
Giugno	Червень
Luglio	Липень
Lunedì	Понеділок
Martedì	Вівторок
Mercoledì	Середа
Mese	Місяць
Novembre	Листопад
Ottobre	Жовтень
Sabato	Субота
Settembre	Вересень
Settimana	Тиждень
Venerdì	П'Ятниця

Governo
Уряду

Capo	Лідер
Cittadinanza	Громадянство
Civile	Цивільний
Costituzione	Конституція
Democrazia	Демократія
Diritti	Права
Discorso	Мовлення
Discussione	Обговорення
Giudiziario	Судової
Indipendenza	Незалежність
Legge	Закон
Libertà	Свобода
Monumento	Пам'Ятник
Nazionale	Національний
Nazione	Нація
Politica	Політика
Quartiere	Район
Simbolo	Символ
Stato	Стан
Uguaglianza	Рівність

Guida
Водіння

Auto	Автомобіль
Autobus	Автобус
Carburante	Паливо
Freni	Гальма
Garage	Гараж
Gas	Газ
Incidente	Аварія
Licenza	Ліцензія
Mappa	Карта
Moto	Мотоцикл
Motore	Мотор
Pedonale	Пішохід
Pericolo	Небезпека
Polizia	Поліція
Sicurezza	Безпека
Strada	Дорога
Traffico	Трафік
Trasporto	Транспорт
Tunnel	Тунель
Velocità	Швидкість

Imbarcazioni
Катери

Albero	Щогла
Ancora	Якір
Barca a Vela	Вітрильник
Boa	Буй
Canoa	Каное
Corda	Мотузка
Equipaggio	Екіпаж
Fiume	Річка
Kayak	Каяк
Lago	Озеро
Mare	Море
Marea	Приплив
Marinaio	Моряк
Motore	Двигун
Nautico	Морські
Oceano	Океан
Onde	Хвилі
Traghetto	Пором
Yacht	Яхта
Zattera	Пліт

Immigrazione
Імміграції

Adulti	Дорослі
Aiuto	Допомога
Alloggio	Житло
Amministrazione	Адміністрація
Approvazione	Затвердження
Bambini	Діти
Comunicazione	Зв'Язки
Documenti	Документи
Finanziamento	Фінансування
Legge	Закон
Lingua	Мова
Processo	Процес
Protezione	Захист
Scadenza	Термін
Situazione	Ситуація
Soluzione	Рішення
Stress	Стрес
Trattativa	Переговори
Ufficiale	Офіцер

Ingegneria
Інженерія

Angolo	Кут
Asse	Вісь
Calcolo	Розрахунок
Costruzione	Будівництво
Diagramma	Діаграма
Diametro	Діаметр
Diesel	Дизель
Distribuzione	Розподіл
Energia	Енергія
Forza	Сила
Ingranaggi	Шестерня
Liquido	Рідина
Macchina	Машина
Misurazione	Вимірювання
Motore	Двигун
Profondità	Глибина
Propulsione	Рушій
Rotazione	Обертання
Stabilità	Стабільність
Struttura	Структура

Insetti
Комахи

Afide	Попелиця
Ape	Бджола
Calabrone	Шершень
Cavalletta	Коник
Cicala	Цикада
Coccinella	Сонечко
Coleottero	Жук
Farfalla	Метелик
Formica	Мураха
Larva	Личинка
Libellula	Бабка
Locusta	Сарана
Mantide	Богомол
Moscerino	Гнат
Pulce	Блоха
Scarafaggio	Тарган
Termite	Терміт
Verme	Хробак
Vespa	Оса
Zanzara	Комар

Jazz
Джаз

Album	Альбом
Applauso	Оплески
Artista	Художник
Canzone	Пісня
Compositore	Композитор
Composizione	Склад
Concerto	Концерт
Enfasi	Акцент
Famoso	Відомий
Genere	Жанр
Improvvisazione	Імпровізація
Musica	Музика
Nuovo	Новий
Orchestra	Оркестр
Preferiti	Обраний
Ritmo	Ритм
Stile	Стиль
Talento	Талант
Tecnica	Техніка
Vecchio	Старий

L'Azienda
Компанія

Creativo	Творчий
Decisione	Рішення
Globale	Глобальний
Industria	Промисловості
Innovativo	Інноваційний
Investimento	Інвестиції
Occupazione	Зайнятість
Possibilità	Можливість
Presentazione	Презентація
Prodotto	Продукт
Professionale	Професійний
Progresso	Прогрес
Qualità	Якість
Reddito	Дохід
Reputazione	Репутація
Rischi	Ризики
Risorse	Ресурси
Tendenze	Тенденції
Unità	Одиниць

Letteratura
Література

Analisi	Аналіз
Analogia	Аналогія
Aneddoto	Анекдот
Autore	Автор
Biografia	Біографія
Conclusione	Висновок
Confronto	Порівняння
Descrizione	Опис
Dialogo	Діалог
Genere	Жанр
Metafora	Метафора
Opinione	Думка
Poesia	Вірш
Poetico	Поетичний
Rima	Рима
Ritmo	Ритм
Romanzo	Роман
Stile	Стиль
Tema	Тема
Tragedia	Трагедія

Libri
Книги

Autore	Автор
Avventura	Пригода
Collezione	Колекція
Contesto	Контекст
Dualità	Подвійність
Epico	Епопеї
Immersione	Занурення
Letterario	Літературний
Lettore	Читач
Narratore	Оповідач
Pagina	Сторінка
Poesia	Вірш
Rilevante	Відповідні
Romanzo	Роман
Scritto	Написана
Serie	Серія
Storia	Історія
Storico	Історичний
Tragico	Трагічний
Umoristico	Гумористичний

Malattia
Захворювання

Acuto	Гострий
Addominale	Черевної
Allergie	Алергія
Benessere	Оздоровчий
Contagioso	Заразний
Corpo	Тіло
Cronico	Хронічний
Cuore	Серце
Debole	Слабкий
Ereditario	Спадковий
Genetico	Генетичні
Immunità	Імунітет
Infiammazione	Запалення
Lombare	Поперекового
Neuropatia	Нейропатія
Polmonare	Легеневий
Respiratorio	Дихальний
Salute	Здоров'Я
Sindrome	Синдром
Terapia	Терапія

Mammiferi
Ссавці

Balena	Кит
Cane	Пес
Canguro	Кенгуру
Cavallo	Кінь
Cervo	Олень
Coniglio	Кролик
Coyote	Койот
Delfino	Дельфін
Elefante	Слон
Gatto	Кішка
Giraffa	Жираф
Gorilla	Горила
Leone	Лев
Lupo	Вовк
Orso	Ведмідь
Pecora	Вівця
Scimmia	Мавпа
Toro	Бик
Volpe	Лисиця
Zebra	Зебра

Matematica
Математика

Angoli	Кути
Aritmetica	Арифметика
Circonferenza	Округ
Decimale	Десятковий
Diametro	Діаметр
Equazione	Рівняння
Esponente	Показник
Geometria	Геометрія
Parallelo	Паралельний
Parallelogramma	Паралелограм
Perimetro	Периметр
Poligono	Багатокутник
Quadrato	Площа
Raggio	Радіус
Rettangolo	Прямокутник
Sfera	Сфера
Simmetria	Симетрія
Somma	Сума
Triangolo	Трикутник
Volume	Обсяг

Meditazione
Медитація

Accettazione	Прийняття
Attenzione	Увага
Calma	Спокійний
Chiarezza	Ясність
Compassione	Співчуття
Emozioni	Емоції
Gentilezza	Доброта
Gratitudine	Подяка
Mentale	Розумовий
Mente	Розум
Movimento	Рух
Musica	Музика
Natura	Природа
Osservazione	Спостереження
Pace	Мир
Pensieri	Думки
Postura	Постава
Prospettiva	Перспектива
Respirazione	Дихання
Silenzio	Тиша

Meteo
Погода

Arcobaleno	Веселка
Asciutto	Сухі
Atmosfera	Атмосфера
Brezza	Бриз
Cielo	Небо
Clima	Клімат
Fulmine	Блискавка
Ghiaccio	Лід
Monsone	Мусон
Nebbia	Туман
Nube	Хмара
Polare	Полярний
Siccità	Посуха
Temperatura	Температура
Tempesta	Бур
Tornado	Торнадо
Tropicale	Тропічний
Tuono	Грим
Uragano	Ураган
Vento	Вітер

Misurazioni
Вимірювання

Altezza	Висота
Byte	Байт
Centimetro	Сантиметр
Chilogrammo	Кілограм
Chilometro	Кілометр
Decimale	Десятковий
Grado	Ступінь
Grammo	Грам
Larghezza	Ширина
Litro	Літр
Lunghezza	Довжина
Metro	Метр
Minuto	Хвилина
Oncia	Унція
Peso	Вага
Pinta	Пінта
Pollice	Дюйм
Profondità	Глибина
Tonnellata	Тонна
Volume	Обсяг

Mitologia
Міфологія

Archetipo	Архетип
Comportamento	Поведінка
Creatura	Істота
Creazione	Створення
Cultura	Культура
Disastro	Лихо
Divinità	Божества
Eroe	Герой
Forza	Сила
Fulmine	Блискавка
Gelosia	Ревнощі
Guerriero	Воїн
Immortalità	Безсмертя
Labirinto	Лабіринт
Leggenda	Легенда
Magico	Чарівний
Mortale	Смертний
Mostro	Монстр
Tuono	Грім
Vendetta	Помста

Moda
Мода

Abbigliamento	Одяг
Boutique	Бутик
Caro	Дорого
Confortevole	Комфортно
Elegante	Елегантний
Misure	Вимірювання
Modello	Візерунок
Moderno	Сучасний
Modesto	Скромний
Originale	Оригінал
Pizzo	Мереживо
Pratico	Практичний
Pulsanti	Кнопки
Ricamo	Вишивка
Semplice	Простий
Stile	Стиль
Tendenza	Тенденція
Tessuto	Тканина
Trama	Текстура

Musica
Музика

Album	Альбом
Armonia	Гармонія
Armonico	Гармоніійних
Ballata	Балада
Cantante	Співак
Cantare	Співати
Classico	Класичний
Coro	Хор
Lirico	Ліричний
Melodia	Мелодія
Microfono	Мікрофон
Musicale	Музичний
Musicista	Музикант
Opera	Опера
Poetico	Поетичний
Registrazione	Запис
Ritmico	Ритмічний
Ritmo	Ритм
Strumento	Інструмент
Vocale	Вокальний

Natura
Природа

Animali	Тварин
Api	Бджіл
Artico	Арктичний
Bellezza	Краса
Deserto	Пустеля
Dinamico	Динамічний
Erosione	Ерозія
Fiume	Річка
Fogliame	Листя
Foresta	Ліс
Ghiacciaio	Льодовик
Montagne	Гори
Nebbia	Туман
Nuvole	Хмари
Rifugio	Притулок
Santuario	Святилище
Scogliere	Скелі
Selvaggio	Дикий
Sereno	Безтурботний
Tropicale	Тропічний

Numeri
Числа

Cinque	П'Ять
Decimale	Десятковий
Diciannove	Дев'Ятнадцять
Diciassette	Сімнадцять
Diciotto	Вісімнадцять
Dieci	Десять
Dodici	Дванадцять
Due	Два
Nove	Дев'Ять
Otto	Вісім
Quattordici	Чотирнадцять
Quattro	Чотири
Quindici	П'Ятнадцять
Sedici	Шістнадцять
Sei	Шість
Sette	Сім
Tre	Три
Tredici	Тринадцять
Venti	Двадцять
Zero	Нуль

Nutrizione
Харчування

Amaro	Гіркий
Appetito	Апетит
Bilanciato	Збалансований
Calorie	Калорій
Carboidrati	Вуглеводів
Commestibile	Їстівний
Dieta	Дієта
Digestione	Травлення
Fermentazione	Бродіння
Liquidi	Рідини
Nutriente	Поживний
Peso	Вага
Proteine	Білки
Qualità	Якість
Salsa	Соус
Salute	Здоров'Я
Sano	Здоровий
Spezie	Спеції
Tossina	Токсин
Vitamina	Вітамін

Oceano
Океан

Anguilla	Вугор
Balena	Кит
Barca	Човен
Corallo	Кораловий
Delfino	Дельфін
Gamberetto	Креветки
Granchio	Краб
Maree	Припливи
Medusa	Медуза
Onde	Хвилі
Ostrica	Устриця
Pesce	Риба
Polpo	Восьминіг
Sale	Сіль
Scogliera	Риф
Spugna	Губка
Squalo	Акула
Tartaruga	Черепаха
Tempesta	Буря
Tonno	Тунець

Paesaggi
Пейзажі

Cascata	Водоспад
Collina	Пагорб
Deserto	Пустеля
Fiume	Річка
Geyser	Гейзер
Ghiacciaio	Льодовик
Grotta	Печера
Iceberg	Айсберг
Isola	Острів
Lago	Озеро
Mare	Море
Montagna	Гора
Oasi	Оазис
Oceano	Океан
Palude	Болото
Penisola	Півострів
Spiaggia	Пляж
Tundra	Тундра
Valle	Долина
Vulcano	Вулкан

Paesi #1
Країни #1

Brasile	Бразилія
Cambogia	Камбоджа
Canada	Канада
Egitto	Єгипет
Finlandia	Фінляндія
Germania	Німеччина
India	Індія
Iraq	Ірак
Israele	Ізраїль
Libia	Лівія
Mali	Малі
Marocco	Марокко
Norvegia	Норвегія
Panama	Панама
Polonia	Польща
Romania	Румунія
Senegal	Сенегал
Spagna	Іспанія
Venezuela	Венесуела
Vietnam	В'Єтнам

Paesi #2
Країни #2

Albania	Албанія
Danimarca	Данія
Etiopia	Ефіопія
Giamaica	Ямайка
Giappone	Японія
Grecia	Греція
Haiti	Гаїті
Indonesia	Індонезія
Irlanda	Ірландія
Laos	Лаос
Liberia	Ліберія
Messico	Мексика
Nepal	Непал
Nigeria	Нігерія
Pakistan	Пакистан
Russia	Росія
Siria	Сирія
Sudan	Судан
Ucraina	Україна
Uganda	Уганда

Piante
Рослини

Albero	Дерево
Bacca	Ягода
Bambù	Бамбук
Botanica	Ботаніка
Cactus	Кактус
Cespuglio	Кущ
Crescere	Рости
Edera	Плющ
Erba	Трава
Fagiolo	Квасоля
Fertilizzante	Добриво
Fiore	Квітка
Flora	Флора
Fogliame	Листя
Foresta	Ліс
Giardino	Сад
Muschio	Мох
Petalo	Пелюстка
Radice	Корінь
Vegetazione	Рослинність

Professioni #1
Професії #1

Allenatore	Тренер
Ambasciatore	Посол
Artista	Художник
Astronomo	Астроном
Avvocato	Адвокат
Ballerino	Танцюрист
Banchiere	Банкір
Cacciatore	Мисливець
Cartografo	Картограф
Editore	Редактор
Farmacista	Фармацевт
Geologo	Геолог
Gioielliere	Ювелір
Idraulico	Сантехнік
Infermiera	Медсестра
Musicista	Музикант
Pianista	Піаніст
Psicologo	Психолог
Scienziato	Вчений
Veterinario	Ветеринар

Professioni #2
Професії #2

Astronauta	Астронавт
Bibliotecario	Бібліотекар
Biologo	Біолог
Chirurgo	Хірург
Dentista	Стоматолог
Filosofo	Філософ
Fotografo	Фотограф
Giardiniere	Садівник
Giornalista	Журналіст
Illustratore	Ілюстратор
Ingegnere	Інженер
Insegnante	Вчитель
Inventore	Винахідник
Investigatore	Слідчий
Linguista	Лінгвіст
Medico	Лікар
Pilota	Пілот
Pittore	Художник
Ricercatore	Дослідник
Zoologo	Зоолог

Psicologia
Психологія

Appuntamento	Призначення
Clinico	Клінічний
Cognizione	Пізнання
Comportamento	Поведінка
Conflitto	Конфлікт
Ego	Его
Emozioni	Емоції
Esperienze	Досвід
Idee	Ідеї
Inconscio	Несвідомий
Infanzia	Дитинство
Pensieri	Думки
Percezione	Сприйняття
Personalità	Особистості
Problema	Проблема
Realtà	Реальність
Sensazione	Відчуття
Subconscio	Підсвідомості
Terapia	Терапія
Valutazione	Оцінка

Riscaldamento Globale
Глобальне Потепління

Ambientale	Екологічні
Artico	Арктичний
Attenzione	Увага
Clima	Клімат
Conseguenze	Наслідки
Crisi	Криза
Dati	Дані
Energia	Енергія
Futuro	Майбутнє
Gas	Газ
Generazioni	Покоління
Governo	Уряд
Industria	Промисловості
Internazionale	Міжнародний
Legislazione	Законодавство
Ora	Зараз
Popolazioni	Населення
Scienziato	Вчений
Sviluppo	Розвиток
Temperature	Температури

Ristorante #1
Ресторан #1

Allergia	Алергія
Caffè	Кава
Cameriera	Офіціантка
Carne	М'Ясо
Cassiere	Касир
Cibo	Їжа
Ciotola	Чаша
Coltello	Ніж
Cucina	Кухня
Dessert	Десерт
Ingredienti	Інгредієнти
Menù	Меню
Pane	Хліб
Piatto	Тарілка
Piccante	Гострий
Pollo	Курка
Prenotazione	Бронювання
Salsa	Соус
Tovagliolo	Серветка

Ristorante #2
Ресторан #2

Acqua	Вода
Aperitivo	Закуска
Bevanda	Напій
Cameriere	Офіціант
Cena	Вечеря
Cucchiaio	Ложка
Delizioso	Смачний
Forchetta	Вилка
Frutta	Фрукт
Ghiaccio	Лід
Insalata	Салат
Minestra	Суп
Pesce	Риба
Pranzo	Обід
Sale	Сіль
Sedia	Крісло
Spezie	Спеції
Torta	Торт
Uova	Яйця
Verdure	Овочі

Salute e Benessere #1
Оздоровчий та Оздоровчий

Abitudine	Звичка
Altezza	Висота
Attivo	Активний
Batteri	Бактерії
Clinica	Клініка
Fame	Голод
Farmacia	Аптека
Frattura	Перелом
Medicina	Медицина
Medico	Лікар
Muscoli	М'Язи
Nervi	Нерви
Ormoni	Гормони
Pelle	Шкіра
Postura	Постава
Riflesso	Рефлекс
Rilassamento	Розслаблення
Terapia	Терапія
Trattamento	Лікування
Virus	Вірус

Salute e Benessere #2
Оздоровчий та Оздоровчий

Allergia	Алергія
Anatomia	Анатомія
Appetito	Апетит
Caloria	Калорія
Corpo	Тіло
Dieta	Дієта
Digestione	Травлення
Disidratazione	Зневоднення
Energia	Енергія
Genetica	Генетика
Igiene	Гігієна
Infezione	Інфекція
Malattia	Хвороба
Massaggio	Масаж
Nutrizione	Харчування
Ospedale	Лікарня
Peso	Вага
Sangue	Кров
Sano	Здоровий
Vitamina	Вітамін

Scienza
Наукова

Atomo	Атом
Chimico	Хімічні
Clima	Клімат
Dati	Дані
Esperimento	Експеримент
Evoluzione	Еволюція
Fatto	Факт
Fisica	Фізика
Fossile	Викопний
Gravità	Гравітація
Ipotesi	Гіпотеза
Laboratorio	Лабораторія
Metodo	Метод
Minerali	Мінерали
Molecole	Молекули
Natura	Природа
Organismo	Організм
Osservazione	Спостереження
Particelle	Частинки
Scienziato	Вчений

Spezie
Спеції

Aglio	Часник
Amaro	Гіркий
Anice	Аніс
Cannella	Кориця
Cardamomo	Кардамон
Cipolla	Цибуля
Coriandolo	Коріандр
Cumino	Кмин
Curcuma	Куркума
Curry	Каррі
Dolce	Солодкий
Finocchio	Фенхель
Gusto	Аромат
Liquirizia	Солодка
Paprika	Паприка
Pepe	Перець
Sale	Сіль
Vaniglia	Ванілі
Zafferano	Шафран
Zenzero	Імбир

Sport
Спорт

Allenatore	Тренер
Atleta	Спортсмен
Capacità	Здатність
Corpo	Тіло
Danza	Танці
Dieta	Дієта
Forza	Сила
Jogging	Біг
Massimizzare	Максимізувати
Metabolico	Метаболічний
Muscoli	М'Язи
Nuotare	Плавати
Nutrizione	Харчування
Obiettivo	Мета
Ossa	Кістки
Programma	Програма
Resistenza	Витривалість
Salute	Здоров'Я
Sportivo	Спорт
Stretching	Розтягування

Sport
Спортивний

Allenatore	Тренер
Arbitro	Суддя
Atleta	Спортсмен
Baseball	Бейсбол
Basket	Баскетбол
Bicicletta	Велосипед
Campionato	Чемпіонат
Ginnastica	Гімнастика
Giocatore	Гравець
Gioco	Гра
Golf	Гольф
Hockey	Хокей
Movimento	Рух
Nuotare	Плавати
Palestra	Гімназія
Squadra	Команда
Stadio	Стадіон
Tennis	Теніс
Vincitore	Переможець

Strumenti Musicali
Музичні Інструменти

Armonica	Гармоніка
Arpa	Арфа
Bacchette	Гомілки
Banjo	Банджо
Chitarra	Гітара
Clarinetto	Кларнет
Fagotto	Фагот
Flauto	Флейта
Gong	Гонг
Mandolino	Мандоліна
Oboe	Гобой
Percussione	Удар
Pianoforte	Фортепіано
Sassofono	Саксофон
Tamburello	Бубон
Tamburo	Барабан
Tromba	Труба
Trombone	Тромбон
Violino	Скрипка
Violoncello	Віолончель

Tempo
Час

Anno	Рік
Annuale	Щорічний
Calendario	Календар
Decennio	Десятиліття
Dopo	Після
Futuro	Майбутнє
Giorno	День
Ieri	Вчора
Mattina	Ранок
Mese	Місяць
Mezzogiorno	Полудень
Minuto	Хвилина
Notte	Ніч
Oggi	Сьогодні
Ora	Година
Orologio	Годинник
Presto	Скоро
Prima	До
Secolo	Століття
Settimana	Тиждень

Tipi di Capelli
Типи Волосся

Argento	Срібло
Asciutto	Сухий
Bianco	Білий
Biondo	Блондин
Breve	Короткий
Calvo	Лисий
Grigio	Сірий
Intrecciato	Плетений
Liscio	Гладкий
Lungo	Довгий
Marrone	Коричневий
Morbido	М'Який
Nero	Чорний
Ondulato	Хвилястий
Riccio	Кучерявий
Riccioli	Кучер
Sano	Здоровий
Sottile	Тонкий
Spessore	Товстий
Trecce	Коси

Uccelli
Птахи

Airone	Чапля
Anatra	Качка
Aquila	Орел
Cicogna	Лелека
Cigno	Лебідка
Cuculo	Зозуля
Falco	Яструб
Fenicottero	Фламінго
Gabbiano	Чайка
Oca	Гуска
Pappagallo	Папуга
Passero	Горобець
Pavone	Павич
Pellicano	Пелікан
Piccione	Голуб
Pinguino	Пінгвін
Pollo	Курка
Struzzo	Страус
Tucano	Тукан
Uovo	Яйце

Universo
Всесвіт

Asteroide	Астероїд
Astronomia	Астрономія
Astronomo	Астроном
Atmosfera	Атмосфера
Buio	Темрява
Celeste	Небесний
Cielo	Небо
Cosmico	Космічний
Emisfero	Півкуля
Galassia	Галактика
Latitudine	Широта
Longitudine	Довгота
Luna	Місяць
Orbita	Орбіта
Orizzonte	Горизонт
Solare	Сонячний
Solstizio	Сонцестояння
Telescopio	Телескоп
Visibile	Видимий
Zodiaco	Зодіак

Vacanze #2
Відпустка #2

Aeroporto	Аеропорт
Campeggio	Кемпінг
Destinazione	Призначення
Foto	Фото
Hotel	Готель
Isola	Острів
Mappa	Карта
Mare	Море
Passaporto	Паспорт
Ristorante	Ресторан
Spiaggia	Пляж
Straniero	Іноземець
Taxi	Таксі
Tempo Libero	Дозвілля
Tenda	Намет
Trasporto	Транспорт
Treno	Поїзд
Vacanza	Свято
Viaggio	Подорож
Visto	Віза

Veicoli
Автомобілі

Aereo	Літак
Auto	Автомобіль
Autobus	Автобус
Barca	Човен
Bicicletta	Велосипед
Camion	Вантажівка
Caravan	Караван
Elicottero	Вертоліт
Furgone	Фургон
Metropolitana	Метро
Motore	Двигун
Navetta	Човник
Pneumatici	Шини
Razzo	Ракета
Scooter	Скутер
Taxi	Таксі
Traghetto	Пором
Trattore	Трактор
Treno	Поїзд
Zattera	Пліт

Verdure
Овочі

Aglio	Часник
Broccolo	Броколі
Carciofo	Артишок
Carota	Морква
Cetriolo	Огірок
Cipolla	Цибуля
Fungo	Гриб
Insalata	Салат
Melanzana	Баклажан
Patata	Картопля
Pisello	Горох
Pomodoro	Помідор
Prezzemolo	Петрушка
Rapa	Ріпа
Ravanello	Редис
Scalogno	Шалот
Sedano	Селера
Spinaci	Шпинат
Zenzero	Імбир
Zucca	Гарбуз

Vestiti
Одяг

Abito	Плаття
Braccialetto	Браслет
Camicetta	Блузка
Camicia	Сорочка
Cappello	Капелюх
Cappotto	Пальто
Cintura	Пояс
Collana	Намисто
Giacca	Куртка
Gonna	Спідниця
Grembiule	Фартух
Guanti	Рукавички
Jeans	Джинси
Maglione	Светр
Moda	Мода
Pantaloni	Штани
Pigiama	Піжама
Sandali	Сандалі
Scarpa	Взуття
Sciarpa	Шарф

Congratulazioni

Ce l'hai fatta!

Speriamo che questo libro vi sia piaciuto tanto quanto a noi è piaciuto concepirlo. Ci sforziamo di creare libri della più alta qualità possibile.
Questa edizione è progettata per fornire un apprendimento intelligente, di qualità e divertente!

Le è piaciuto questo libro?

Una Semplice Richiesta

Questi libri esistono grazie alle recensioni che pubblicate.

Puoi aiutarci lasciando una recensione
ora a questo link ?

BestBooksActivity.com/Recensioni50

SFIDA FINALE!

Sfida n°1

Sei pronto per il tuo gioco gratuito? Li usiamo sempre, ma non sono così facili da trovare - ecco i Sinonimi!
Scrivi 5 parole che hai trovato nei puzzle (n° 21, n° 36, n° 76) e prova a trovare 2 sinonimi per ogni parola.

*Scrivi 5 parole del **Puzzle 21***

Parole	Sinonimo 1	Sinonimo 2

*Scrivi 5 parole del **Puzzle 36***

Parole	Sinonimo 1	Sinonimo 2

*Scrivi 5 parole del **Puzzle 76***

Parole	Sinonimo 1	Sinonimo 2

Sfida n°2

Ora che ti sei riscaldato, scrivi 5 parole che hai trovato nei puzzle n° 9, n° 17 e n° 25 e cerca di trovare 2 contrari per ogni parola. Quanti ne puoi trovare in 20 minuti?

Scrivi 5 parole del ***Puzzle 9***

Parole	Antonimo 1	Antonimo 2

Scrivi 5 parole del ***Puzzle 17***

Parole	Antonimo 1	Antonimo 2

Scrivi 5 parole del ***Puzzle 25***

Parole	Antonimo 1	Antonimo 2

Sfida n°3

Grande! Questa sfida  non è niente per te!

Pronto per la sfida finale? Scegli 10 parole che hai scoperto nei diversi puzzle e scrivile qui sotto.

1.	6.
2.	7.
3.	8.
4.	9.
5.	10.

Ora scrivi un testo pensando a una persona, un animale o un luogo che ti piace.

Puoi usare l'ultima pagina di questo libro come bozza.

La tua composizione:

TACCUINO:

A PRESTO!

Tutta la Squadra

www.ingramcontent.com/pod-product-compliance
Lightning Source LLC
Chambersburg PA
CBHW082103120626
46553CB00011B/3520
* 9 7 9 8 8 9 6 7 0 5 9 5 6 *